LES CARRÉS DSCG 4

Christelle Barataay

88 EXERCICES CORRIGÉS

COMPTABILITÉ ET AUDIT

Gualino
un savoir-faire de Lextenso

Christelle Baratay est Formatrice en classes préparatoires au DCG et formatrice en comptabilité au DSCG.

Dans la même collection :

- – DSCG 1 Gestion juridique, fiscale et sociale, 1re éd. 2020 (E. Bayo).
- – DSCG 2 Finance, 7e éd. P. Recroix).
- – DSCG 2 Exercices corrigés Finance, 3e éd. (P. Recroix).
- – DSCG 3 Management et Contrôle de gestion, 1re éd. 2020 (M. Leroy).
- – DSCG 4 Comptabilité et audit, 7e éd. (C. Baratay).
- – DSCG 4 Exercices corrigés Comptabilité et audit, 4e éd. (C. Baratay).

1, Parvis de La Défense
92044 Paris La Défense Cedex
ISBN 978 - 2 - 297 - 07544 - 2
ISSN 2257-770X

Suivez-nous sur www.gualino.fr
Contactez-nous sur **gualino@lextenso.fr**

Le concept

À l'occasion de la mise en application des **nouveaux programmes** des différentes UE (unités d'enseignement) du Diplôme supérieur de comptabilité et de gestion (DSCG), la collection « ***Les Carrés DSCG*** » vous propose :

– des livres **conformes au nouveau programme** de chaque UE et qui correspondent à une unité d'enseignement qui donnent lieu à **une épreuve** ;

– une pédagogie qui tient compte des notions nouvelles introduites dans les programmes : **compétences attendues** et **savoirs associés** ;

– de **véritables manuels synthétiques d'acquisition des connaissances** ; leur contenu est :

  • **plus développé** : les étudiants peuvent apprendre leur cours et acquérir les compétences ainsi que les savoirs associés,

  • **plus complet** : le cours est enrichi d'applications corrigées pour mettre en pratique les compétences acquises. Un cas final conforme à l'examen est présenté à la fin de l'ouvrage pour que l'étudiant soit prêt le jour de l'épreuve,

  • **plus visuel** : les maquettes sont modernisées pour être plus aérées et plus attractives ;

– des livres **à jour de l'actualité la plus récente** ;

– **pour chaque UE qui le justifie** (c'est le cas des UE qui demandent de la part du candidat un important effort d'entraînement sur une matière quantitative), le manuel synthétique d'acquisition des connaissances est complété par **un livre uniquement consacré à une série d'exercices corrigés** pédagogiquement construits pour **faciliter la mise en application des connaissances acquises**. C'est le cas des UE 2 et 4.

L'ouvrage que vous avez entre les mains est tout entier consacré à des exercices corrigés qui portent sur l'**UE 4 « Comptabilité et Audit »**.

88 exercices choisis vous sont présentés avec leurs corrigés pour que la comptabilité approfondie n'ait plus de secret pour vous.

Sommaire

PARTIE 1 OPÉRATIONS DE FUSION

PARTIE 2 NORMES

PARTIE 3 COMPTES DE GROUPE

PARTIE 4 AUDIT

PARTIE 1

OPÉRATIONS DE FUSION

Exercice 1
Modalités comptables

La société MALAGA prévoit d'absorber la société TORT courant N. Vous êtes chargé(e) de préparer la fusion et de mesurer les conséquences de celle-ci sur les comptes sociaux de MALAGA en N.

1. Indiquer et justifier la modalité comptable d'évaluation des apports.

2. Déterminer la valeur d'apport.

3. Déterminer :
a) la parité d'échange ;
b) l'augmentation de capital ;
c) la prime de fusion.

Annexe - Informations se rapportant à la fusion absorption de TORT

La date d'effet comptable de la fusion est fixée au 01/01/N.

La date d'approbation de l'opération par les assemblées de MALAGA et TORT : 25/05/N.

La fusion bénéficie du régime fiscal de faveur, MALAGA reprendra toutes les obligations de TORT liées à ce régime favorable.

Capitaux propres de TORT au 31/12/N-1 (en K€)

Capital (75 000 actions)	1 500
Réserves	2 790
Résultat déficitaire	- 500
Subventions d'investissements	90
Provisions réglementées (Provisions pour hausse des prix)	120
Total des capitaux propres	4 000

Capitaux propres de MALAGA au 31/12/N-1 (en K€)

Capital (500 000 actions)	50 000
Réserves	70 000
Résultat	3 000
Subventions d'investissements	1 800
Provisions réglementées (Provisions pour hausse des prix)	3 600
Total des capitaux propres	128 400

Les 45 000 titres TORT détenus par MALAGA apparaissent à son bilan pour un montant de 4 050 K€.

Au 01/01/N, la valeur globale de TORT servant à déterminer la parité d'échange est de 6 000 K€.

Au 01/01/N, la valeur globale de MALAGA servant à déterminer la parité d'échange est de 160 000 K€.

Corrigé

1. Indiquer et justifier la modalité comptable d'évaluation des apports.

Sachant que Malaga contrôle exclusivement Tort (60 % = 45 000 / 75 000) avant la fusion, il s'agit d'une fusion de sociétés sous contrôle commun. La valeur d'apport sera la valeur comptable.

2. Déterminer la valeur d'apport.

En l'espèce, la valeur comptable de Tort correspond au montant des capitaux propres : 4 000 K€.

3. Déterminer :

a) La parité d'échange

Valeur mathématique des titres Malaga : $\frac{160\,000\,000}{500\,000} = 320$ €

Valeur mathématique des titres Tort : $\frac{6\,000\,000}{75\,000} = 80$ €

$\frac{M}{T} = \frac{320}{80} = 4$ soit 4 actions Tort pour 1 action Malaga

b) L'augmentation de capital

Étant donné qu'il est interdit à MALAGA de créer des titres pour elle-même, la parité d'échange s'appliquera dans le cadre de la fusion renonciation.

Nombre d'actions Tort apportées	75 000
Nombre d'actions Tort appartenant à Malaga	– 45 000
Nombre d'actions Tort à rémunérer	30 000

Nombre d'actions Malaga à créer : 30 000 / 4 = 7 500

Il faut déterminer la valeur nominale du titre MALAGA : $\frac{50\,000\,000}{500\,000} = 100$ €

Montant de l'augmentation de capital : 100 × 7 500 = 750 000 €

c) La prime de fusion

Montant de l'apport : 4 000 000 × 40 %	1 600 000
Montant de l'augmentation de capital	750 000
Prime de fusion	850 000

Exercice 2
Période intercalaire - Rétroactivité

La société MALAGA (500 000 actions) prévoit d'absorber la société TORT (75 000 actions) courant N. Malaga détient 60 % de Tort. De ce fait, la fusion se fera à la valeur comptable. La parité d'échange est de 4 Tort pour 1 Malaga. La société Malaga devra créer 7 500 actions.

La valeur comptable de Tort est de 4 000 K€, sa valeur réelle 6 000 K€ (valeur servant pour la parité d'échange).

La valeur globale de Malaga servant à déterminer la parité d'échange est de 160 000 K€.

La date d'effet comptable de la fusion est fixée au 01/01/N.

La date d'approbation de l'opération par les assemblées de MALAGA et TORT : 25/05/N.

La fusion bénéficie du régime fiscal de faveur, MALAGA reprendra toutes les obligations de TORT liées à ce régime favorable.

1. Comment appelle-t-on la période comprise entre la date d'effet comptable et la date d'approbation par les assemblées ?

2. Quelles sont les raisons habituellement invoquées pour justifier la présence d'une clause de rétroactivité ?

3. Quel type d'assemblée doit approuver la fusion ?

4. Quelle serait la (ou les) conséquence(s) de l'incendie chez TORT survenu le 05/04/N, ayant généré une perte nette de 1 200 K€ ? Recalculer le rapport d'échange.

Corrigé

1. Comment appelle-t-on la période comprise entre la date d'effet comptable et la date d'approbation par les assemblées ?

Il s'agit de la période intercalaire.

2. Quelles sont les raisons habituellement invoquées pour justifier la présence d'une clause de rétroactivité ?

Dans le cadre de la communication financière de l'absorbante, la rétroactivité permet à l'absorbante de s'approprier l'activité de la société absorbée sur la période de rétroactivité (chiffre d'affaires, marges, etc.). La situation patrimoniale est figée dans le temps, à la date d'effet rétroactif.

Administrativement, la rétroactivité :

- facilite la détermination de la parité d'échange (s'il n'y a pas de clause, les valeurs des sociétés peuvent évoluer) ;
- permet d'éviter à l'absorbée d'établir une déclaration fiscale supplémentaire sur la période intercalaire à la condition de choisir comme date d'effet rétroactif, celle du dernier exercice clos de l'absorbée, et que l'absorbante ait la même date de clôture ;
- permet d'éviter de réunir les actionnaires de l'absorbée pour leur soumettre les comptes des opérations réalisées au cours de la période intercalaire.

3. Quel type d'assemblée doit approuver la fusion ?

C'est l'assemblée générale extraordinaire et non l'assemblée générale ordinaire qui approuve la fusion.

4. Quelle serait la (ou les) conséquence(s) de l'incendie chez TORT survenu le 05/04/N, ayant généré une perte nette de 1 200 K€ ? Recalculer le rapport d'échange.

Selon le CRC, lorsque les apports sont évalués à la valeur comptable, si la valeur totale des apports en tenant compte de la perte est toujours supérieure à la valeur comptable alors il n'est pas nécessaire de provisionner cette perte.

Dans le cas présent montant de l'apport comptable est de 4 000 K€.

La valeur réelle en tenant compte de la perte est de 6 000 – 1 200 = 4 800 K€. Ce montant étant supérieur à 4 000 K€, alors aucune provision n'est nécessaire.

L'importance de la perte est telle qu'il faut réduire les apports et donc revoir la parité afin que le rapport d'échange reste équitable.

Nouvelle parité :

Valeur de Malaga : $\dfrac{160\ 000\ 000}{500\ 000} = 320$ €

Valeur de Tort : $\dfrac{6\ 000\ 000 - 1\ 200\ 000}{75\ 000} = 64$ €

Soit une parité de $\dfrac{M}{T} = \dfrac{320}{64} = 5$ soit 5 Tort pour 1 Malaga

Exercice 3
Mali de fusion

La société MALAGA (500 000 actions de 100 €) prévoit d'absorber la société TORT courant N. Malaga détient 60 % de Tort. De ce fait, la fusion se fera à la valeur comptable. La parité d'échange est de 4 Tort pour 1 Malaga. La société Malaga devra créer 7 500 actions (taux imposition 33 1/3 %).

Capitaux propres de TORT au 31/12/N-1 (en K€)

Capital (75 000 actions)	1 500
Réserves	2 790
Résultat déficitaire	– 500
Subventions d'investissements	90
Provisions réglementées (Provisions pour hausse des prix)	120
Total des capitaux propres	4 000

Sa valeur réelle est de 6 000 K€.

Les 45 000 titres TORT détenus par MALAGA apparaissent à son bilan pour un montant de 4 050 K€.

Liste des actifs et passifs clairement identifiés de TORT pour lesquels un écart existe entre la valeur comptable et la valeur réelle :

	Écart brut	Impact de l'impôt	Écart net
Brevet	1 200	400	800
Terrain	900	300	600
Construction	1 800	600	1 200
Engagements de retraite	– 2 145	– 715	– 1 430
Impôts liés à la provision pour hausse des prix	– 40	Non applicable	– 40
Impôts liés aux subventions	– 30	Non applicable	– 30
Totaux	1 685	585	1 100

Il n'est pas calculé de fiscalité différée sur l'écart entre la valeur globale des apports et la somme algébrique des valeurs réelles des actifs et passifs identifiés

1. Déterminer l'augmentation de capital, la prime de fusion, le mali de fusion et sa décomposition éventuelle.

2. Comptabiliser, dans le cadre du régime fiscal de faveur des fusions, les opérations liées à cette fusion dans la comptabilité de la société Malaga (la réalisation des apports n'est pas demandée).

3. En supposant que les brevets s'amortissent sur 10 ans (amortis 2 ans au moment de la fusion) et la construction sur 20 ans (amortis 4 ans lors de la fusion), présenter les écritures d'amortissement du mali de fusion.

4. La valeur actuelle du terrain est de 900 K€, présenter les écritures nécessaires.

Corrigé

1. Déterminer l'augmentation de capital, la prime de fusion, le mali de fusion et sa décomposition éventuelle.

L'augmentation de capital est de : 7 500 × 100	750 000
Montant de l'apport à rémunérer : 4 000 × 40 %	1 600 000
Soit une prime de fusion	850 000

La société Malaga détient 60 % de la société Tort soit un montant de 4 000 K€ × 60 % = 2 400 000 €

Elle a acheté cette participation pour un montant de	4 050 000 €
Soit un mali de fusion	1 650 000 €

Ce mali peut se décomposer en un vrai mali à enregistrer en 668 – charges financières – et un faux mali.

Si l'apport avait eu lieu à la valeur réelle, il se serait élevé à 6 000 K€ × 60 % = 3 600 000 €

Valeur d'achat	4 050 000 €
Soit un vrai mali	450 000 €

Le faux mali est de 1 650 000 – 450 000 = 1 200 000 €

Étant inférieur aux plus-values sur les éléments d'actifs identifiés (1 200 + 900 + 1 800) et hors fonds de commerce, il est affecté aux actifs apportés au prorata des plus-values.

Seules les plus-values latentes sur les éléments d'actifs destinés à être revendus à brève échéance sont évaluées nettes d'impôt. On ne reprend que les actifs, les provisions pour retraite ne sont pas prises puisqu'il s'agit de moins-value.

Mali affecté au brevet : 1 200 × 1 200 / 3 900 = 369 231 €

Mali affecté au terrain : 900 × 1 200 / 3 900 = 276 923 €

Mali affecté à la construction : 1 800 × 1 200 / 3 900 = 553 846 €

2. Comptabiliser, dans le cadre du régime fiscal de faveur des fusions, les opérations liées à cette fusion dans la comptabilité de la société Malaga (la réalisation des apports n'est pas demandée).

456	Société absorbée compte d'apport	4 000 000	
668	Mali de fusion	450 000	
2081	Mali de fusion sur éléments incorporels	369 231	
2187	Mali de fusion sur éléments corporels *(276 923 + 553 846)*	830 769	
101	Capital		750 000
261	Titres de participation		4 050 000
1042	Prime de fusion		850 000
1042	Prime de fusion	210 000	
131	Subvention d'investissement		90 000
143	Provision pour hausse des prix		120 000

Dans le cadre du régime fiscal de faveur, la société Malaga doit reprendre les obligations de la société Tort (subvention et provision pour hausse des prix) dont l'imposition est différée. L'imputation se fait sur la prime de fusion.

3. L'amortissement du mali

Amortissement du mali imputé sur le brevet : 369 231 / 8 = 46 154 €

Amortissement du mali affecté à la construction : 553 846 / 16 = 34 615 €

L'amortissement se fait sur la durée résiduelle.

6811	DAP	80 769	
28081	Amortissement du mali sur éléments incorporels		46 154
28187	Amortissement du mali sur éléments corporels		34 615

4. La dépréciation du terrain

La valeur actuelle est de 900 000 €. La valeur nette est de 1 000 000 + 276 923 = 1 276 923 soit une dépréciation de 376 923 €.

La dépréciation ne peut pas être imputée en totalité sur le mali, il faut donc déprécier le terrain.

6816	DAP	376 923	
2911	Dépréciation du terrain		100 000
29187	Dépréciation du mali sur éléments corporels		276 923

Exercice 4
Évaluation des sociétés par les flux

La Société Dugel se situe sur le marché porteur de la communication. Elle crée et commercialise principalement des services liés à l'exploitation d'internet. Ses actifs sont relativement peu importants hormis les frais de recherche et de développement, les brevets et le matériel informatique avec ses logiciels. Par ailleurs, le budget de formation des hommes, très élevé, ne cesse de croître. Elle est bénéficiaire et verse régulièrement des dividendes. Néanmoins, son activité devient de plus en plus concurrentielle et son dernier exercice a enregistré une nette baisse à la fois du résultat net, des dividendes versés et du cours en bourse de l'action. Dès lors, il n'est pas étonnant que désormais, les apporteurs de capitaux exigent pour ce secteur, un taux de rentabilité minimum de 15 %. La plupart des sociétés de ce secteur sont très endettées et l'euphorie a laissé place aux doutes.

1. **En quoi une évaluation fondée sur les flux semble préférable à une évaluation patrimoniale ?**
2. **Déterminez VF, la valeur financière de l'action Dugel en vous basant sur la moyenne des 5 derniers dividendes précédant celui de l'exercice N jugé comme non significatif (à ignorer dans vos calculs).**
3. **Évaluez Vgs la valeur de l'action obtenue par la méthode de Gordon et Shapiro. Vous retiendrez l'hypothèse selon laquelle la croissance moyenne constatée au cours des 5 exercices précédant celui de N, devrait se poursuivre à l'avenir.**
4. **Calculez VR, la valeur de rendement de l'action Dugel. Vous retiendrez un flux égal au bénéfice net moyen par action des 5 exercices précédant celui de N.**
5. **Quelles sont les critiques pouvant être formulées à l'égard de cette étude ? Parmi les trois valeurs calculées, dites celle qui vous semble la plus fiable et la plus intéressante en justifiant votre position.**

Annexe 1 : Dividendes

Années	N-5	N-4	N-3	N-2	N-1	N
Dividendes par action (en euros)	8,50	9,20	9,77	10,20	10,33	3

Pour les calculs, il sera retenu éventuellement un taux d'impôt sur les bénéfices égal à 33,1/3 %.

Le dividende prévisionnel pour N+1 est de 10,40 € et les perspectives d'avenir sont bonnes.

Annexe 2 : Informations complémentaires

La politique de distribution des dividendes est rigoureusement stable et le « pay-out ratio » caractérisant la société Dugel est égal à 60 %.

Le capital est constitué par 60 000 actions de nominal égal à 50 €. La dernière augmentation du capital date du 1er janvier N-5.

On estime que sur la période des 5 années étudiées, les charges et produits exceptionnels se neutralisent pratiquement. De ce fait, pour obtenir le résultat courant net retraité, on peut se limiter aux seuls retraitements des dotations aux amortissements et de l'impôt sur les bénéfices.

Pour ce faire, il a été établi le tableau suivant (sommes en K€) :

Années	N-5	N-4	N-3	N-2	N-1
Amortissements comptabilisés	1 325	1 420	1 634,5	1 700	1 750,5
Amortissements retraités économiquement	1 625	1 630	1 900	1 655	1 650

Corrigé

1. En quoi une évaluation fondée sur les flux semble préférable à une évaluation patrimoniale ?

La société dispose de très peu d'actifs, les compétences du personnel sont essentielles et les éléments incorporels sont prééminents. De ce fait, il est difficile de quantifier ces éléments au bilan. Il semble donc plus judicieux de privilégier la rentabilité (les flux de profits attendus) que l'approche purement patrimoniale.

2. Déterminez V_F, la valeur financière de l'action Dugel.

$$\text{Valeur financière} = \frac{\text{Dividende}}{\text{Taux de rentabilité}}$$

Dans le cas présent, le dividende moyen est de $\frac{8{,}50 + 9{,}20 + 9{,}77 + 10{,}20 + 10{,}33}{5} = 9{,}60$ €

$$V_F = \frac{9{,}60}{0{,}15} = 64 \text{ €}$$

3. Évaluez V_{gs} la valeur de l'action obtenue par la méthode de Gordon et Shapiro.

Le calcul du taux de croissance des dividendes (g) est le suivant : $8{,}50\,(1 + g)^4 = 10{,}33$ soit g = 4,995 % soit 5 %.

$V_{gs} = \frac{D1}{i - g}$ avec D1 le dividende de N+1, i le taux de rentabilité et g le taux de croissance des dividendes.

$$V_{gs} = \frac{10{,}40}{0{,}15 - 0{,}05} = 104 \text{ €}$$

4. Calculez V_R, la valeur de rendement de l'action Dugel.

$$V_R = \frac{\text{Bénéfice courant}}{\text{Taux de rentabilité}}$$

Pour déterminer le bénéfice courant, on dispose du pay-out. Pay-out $= \frac{\text{Dividende}}{\text{Bénéfice net}}$

	N-5	N-4	N-3	N-2	N-1
Dividende	8,5	9,2	9,77	10,2	10,33
Bénéfice net par action (D/0,6)	14,17	15,33	16,28	17,00	17,22
Bénéfice net total (K€)	850,00	920,00	977,00	1 020,00	1033,00
(Bénéfice par action × 60 000 / 1000)					
Bénéfice avant impôt (BNT × 3/2)	1 275,00	1 380,00	1 465,50	1 530,00	1 549,50
DAP comptabilisées	1 325,00	1 420,00	1 634,50	1 700,00	1 750,50
DAP économiques	– 1 625,00	– 1 630,00	– 1 900,00	– 1 655,00	– 1 650,00
Résultat courant avant impôt	975,00	1 170,00	1 200,00	1 575,00	1 650,00
Résultat net courant	650,00	780,00	800,00	1 050,00	1 100,00
Résultat moyen courant annuel	876,00				

Le résultat courant moyen est de 876 000 € soit 14,60 € par action (876 000 / 60 000).

La valeur de rendement $VR = \frac{14,60}{0,15} = 97,33$ €.

5. Quelles sont les critiques pouvant être formulées à l'égard de cette étude ? Parmi les trois valeurs calculées, dites celle qui vous semble la plus fiable et la plus intéressante en justifiant votre position.

La méthode par les flux permet une évaluation en fonction de la rentabilité future. Elle ne peut être utilisée que si les rentabilités peuvent être correctement évaluées et avec un taux d'actualisation pertinent. Il convient de se demander quel est le flux le plus représentatif de la rentabilité ? Peut-on l'extrapoler à l'infini ? Le taux d'actualisation tient-il compte de toutes les situations ?

Dans le cas présent, le bénéfice net par action semble être l'indicateur le plus pertinent. Il serait plus judicieux d'avoir des taux d'actualisation différents selon les valeurs calculées.

La valeur financière intéresse les petits actionnaires (vision à court terme). Il sera dans la capacité de faire un arbitrage entre un placement obligataire et investir chez Dugel. Dans ce cas, il conviendrait de prendre un taux d'actualisation proche du taux du marché obligataire. Ce calcul suppose la fixité du dividende.

Le modèle de Gordon-Shapiro remédie à cette critique, mais la croissance de 5 % du dividende semble excessive.

La valeur de rendement est la plus complète et traduit le véritable rendement de l'entreprise sur le court-terme et le long-terme. C'est la plus pertinente.

Exercice 5
Évaluation comptable des sociétés

Il vous est demandé d'évaluer l'entreprise X. Le bilan comptable simplifié se présente ainsi (en K€) :

Frais d'établissement	40	Capital	2 000
Fonds de commerce	880	Réserves	5 060
Immobilisations (1)	10 980	Résultat (3)	920
Actif circulant (2)	5 170	Provisions réglementées	420
		Provisions pour risques (justifiée)	230
Charge à répartir	130	Dettes (4)	8 570
	17 200		279 000

(1) Dont 9 080 K€ d'immobilisations nécessaires à l'exploitation ayant une valeur d'utilité de 13 000 K€ (11 500 K€ pour les biens amortissables, la dépréciation annuelle étant estimée au cinquième de leur valeur d'utilité), 1 800 K€ pour les biens non nécessaires à l'exploitation avec une valeur vénale de 3 000 K€ et 100 K€ pour un prêt consenti pour les besoins de l'exploitation.

(2) Des effets escomptés non échus de 230 K€ ne sont pas inclus à l'actif du bilan. Il existe 190 K€ de valeurs mobilières acquises dans un but purement spéculatif.

(3) Il est prévu de distribuer 50 % du résultat.

(4) Dont 340 K€ de concours bancaires courant.

Extraits du compte de résultat (exercice N) en K€

Résultat d'exploitation de 4 300 K€ dont :
- Un chiffre d'affaires de 50 300 K€ ;
- Des loyers perçus sur une immobilisation non nécessaire à l'exploitation de 400 K€ ;
- Une redevance de crédit-bail de 360 K€ (valeur d'utilité du bien 1 500 K€, la dépréciation annuelle est estimée au quart de la valeur d'utilité, la valeur actualisée des sommes restant à verser est de 1 370 K€, les intérêts représentent 10 % de la valeur d'utilité) ;
- Une taxe foncière sur les éléments non nécessaires à l'exploitation de 75 K€ ;
- Dotations aux amortissements 2 460 K€.

Charges financières de 850 K€ dont :
- Des intérêts d'emprunt de 490 K€ ;
- Des agios bancaires de 110 K€ ;
- Des escomptes accordés de 230 K€ considérés comme des agios ;
- Des dotations aux dépréciations concernant les VMP de 20 K€.

Produits financiers de 550 K€ dont 60 K€ de revenus des VMP.

Taux d'IS : 33,1/3

1. Calculez l'ANCC exploitation (hors fonds de commerce) et l'ANCC hors exploitation.

2. À l'aide des extraits du compte de résultat de l'exercice N, calculez la valeur de l'entreprise en prenant en compte le calcul d'un *goodwill*. Il sera tenu compte d'un taux d'actualisation de 10 % en se limitant à 5 années de rente :

a) Calculez sur l'ANCC au taux de 8 % ;

b) Calculez sur la VSB au taux de 6 % ;

c) Calculez à partir des CPNE (le besoin en fonds de roulement est de l'ordre de 27 jours de CA HT sur 360 jours) au taux de 7 %.

Corrigé

1. Calculez l'ANCC exploitation et l'ANCC hors exploitation (en K€)

Capitaux propres	2 000 + 5 060 + 920 + 420	8 400
Plus-value		
– Fonds de commerce		– 880
– Frais d'établissement		– 40
– Immobilisations E	13 000 – 9 080	3 920
– Immobilisations HE	3 000 – 1 800	1 200
– crédit-bail	1 500 – 1 370	130
Dividendes	920 × 50 %	– 460
Charges à répartir		– 130
Impôt différé		
– Frais d'établissement	40 × 1/3	13
– Charges à répartir	130 / 3	44
– Provisions réglementées	420 / 3	– 140
– Plus-value HE	1 200 / 3	– 400
Actif net comptable		11 657

Part des biens hors exploitation : 3 000 + 190 – 400 = 2 790 K€

ANCC lié à l'exploitation : 11 657 – 2 790 = 8 867 K€

2. Évaluation de l'entreprise

a) Par la méthode de l'ANCC

Calcul du résultat lié à l'ANCC (en K€) :

Résultat courant	4 300 + 550 – 850	4 000
Loyer perçu sur BHE		– 400
Taxe foncière		75
Revenus VMP		– 60
Annulation DAP	2 460 + 20	2 480
DAP nouvelles	11 500 / 5	– 2 300
Redevance CB		360
DAP du crédit-bail	1 500 / 4	– 375
Intérêts du CB	1 500 × 10 %	– 150
Résultat brut lié à l'ANCCE		3 630
Résultat net	3 630 × 2/3	2 420

Rémunération attendue : 8 867 × 8 %	709
Rémunération réelle	2 420
Rente du *goodwill*	1 711

$$Goodwill = 1\ 711 \times \frac{1 - 1{,}1^{-5}}{0{,}1} = 6\ 486 \text{ K€}$$

Valeur de l'entreprise = 8 867 + 6 486 + 2 790 = 18 143 K€

b) Par la méthode de la VSB

Calcul de la VSB (en K€) :

Actif d'exploitation	13 000 + 100	13 100
Actif circulant	5 170 - 190	4 980
Valeur d'utilité du CB		1 500
EENE (effets escomptés non échus)		230
VSB		19 810

Résultat lié à la VSB (en K€) :

Résultat lié à l'ANCC		3 630
Charges financières	490 + 110	600
Charges financières CB		150
EENE *(charges assimilées)*		230
Résultat brut lié à la VSB		4 610
Résultat net	4 610 × 2/3	3 073

Rémunération attendue : 19 810 × 6 %	1 189
Rémunération réelle	3 073
Rente du *goodwill*	1 884

$$Goodwill = 1\,884 \times \frac{1 - 1{,}1^{-5}}{0{,}1} = 7\,142 \text{ K€}$$

Valeur de l'entreprise = 8 867 + 7 142 + 2 790 = 18 799 K€

c) Par la méthode des CPNE

Calcul des CPNE (en K€) :

Actif d'exploitation	13 000 + 100	13 100
Valeur d'utilité du CB		1 500
BFR	27 × 50 300 / 360	3 772
CPNE		18 372

Résultat lié aux CPNE (en K€) :

Résultat lié à la VSB		4 610
Charges financières à CT		– 110
EENE *(charges assimilées)*		– 230
Résultat brut lié aux CPNE		4 270
Résultat net	4 270 × 2/3	2 847

Ou

Résultat lié à l'ANCC		3 630
Charges financières LT		490
Charges financières CB		150
Résultat brut lié aux CPNE		4 270
Résultat net	4 270 × 2/3	2 847

Rémunération attendue : 18 372 × 7 %	1 286
Rémunération réelle	2 847
Rente du *goodwill*	1 561

$$Goodwill = 1\,561 \times \frac{1 - 1{,}1^{-5}}{0{,}1} = 5\,917 \text{ K€}$$

Valeur de l'entreprise = 8 867 + 5 917 + 2 790 = 17 574 K€

On obtient une fourchette de prix. C'est les négociations qui permettront de déterminer le prix définitif.

Exercice 6
Évaluation comptable des sociétés

On vous communique les informations suivantes concernant la société CP.

Frais d'établissement	10 000	8 000	2 000	Capital (20 000 actions)	2 000 000
Terrain 1	1 500 000		1 500 000	Réserve légale	200 000
Terrain 2	500 000		500 000	Réserves statutaires	450 000
Constructions	2 000 000	1 000 000	1 000 000	Résultat	400 000
Matériels	3 000 000	1 500 000	1 500 000	Provisions réglementées	100 000
	7 010 000	**2 508 000**	**4 502 000**		**3 150 000**
Disponibilités	1 200 000		1 200 000	Emprunt	1 200 000
				Fournisseurs	1 352 000
Total actif	**8 210 000**	**2 508 000**	**5 702 000**	Total passif	**5 702 000**

Achats de marchandises	250 000	Chiffre d'affaires	14 680 000
Autres charges externes	800 000		
Impôts, taxes, versements assimilés	150 000		
Salaires	8 500 000		
Charges sociales	3 400 000		
Dotations aux amortissements	800 000		
Charges financières	120 000		
Impôt sur les bénéfices	260 000		
Bénéfice	400 000		
	14 680 000		**14 680 000**

Informations diverses :

- Frais d'établissement : frais d'augmentation du capital sur 5 ans. Ils sont liés à l'exploitation.
- Terrain 1 : utile à l'exploitation. Valeur estimée : 2 500 000 €.
- Terrain 2 : terrain à bâtir. Il s'agit d'un placement immobilier qu'il est prévu de réaliser à bref délai. Valeur vénale : 2 000 000 €.
- Construction : utile à l'exploitation. De grosses réparations, amortissables en 10 ans seraient nécessaires. Montant envisagé : 800 000 €. Actuellement valeur estimée 2 000 000 €.
- Disponibilités : elles sont nécessaires à l'exploitation.
- Résultat de l'exercice : il sera porté en réserves.
- Provisions réglementées : il s'agit d'un amortissement dérogatoire.

Les autres postes sont correctement évalués.

Le poste impôts taxes et versements assimilés comprend 5 000 € de taxe foncière sur le terrain 1 et 6 000 € de taxe foncière sur le terrain 2.

1. Présenter les diverses méthodes d'évaluation.

2. Évaluer par la méthode dite du *goodwill* l'entreprise CP. On utilisera la méthode de la valeur substantielle brute qui sera rémunérée à 5 %. La rente du *goodwill* sera actualisée à l'infini au taux de 20 %, et sur 5 ans au taux de 10 %.

3. Évaluer la valeur de l'action CP en fonction de l'hypothèse suivante : la valeur de l'entreprise sera égale à l'actif net comptable corrigé d'exploitation, majoré de l'actif hors exploitation, majoré de la moyenne des *goodwills* trouvés à la question précédente.

Corrigé

1. Les diverses méthodes d'évaluation

Les méthodes d'évaluation peuvent être classées en 3 catégories :

- les méthodes patrimoniales : l'entreprise est considérée comme une accumulation de biens ; la valeur patrimoniale peut être calculée à partir du bilan (actif net comptable) ou des valeurs actuelles (actif net comptable corrigé) ;
- les méthodes fondées sur la rentabilité : on privilégie l'aptitude de l'entreprise à générer du profit ; l'évaluation de l'entreprise sera alors fonction des bénéfices passés, présents ou futurs ; le plus souvent, la valeur s'obtient par capitalisation ou actualisation des bénéfices futurs ;
- les méthodes mixtes : elles combinent l'approche patrimoniale et l'aptitude à générer des bénéfices ; cette dernière peut être déterminée de manière indirecte, à partir du *goodwill* (survaleur obtenue par capitalisation ou actualisation de la rente). Ce dernier est également représentatif des éléments qualitatifs (éléments incorporels) difficilement quantifiables par une approche directe.

2. Évaluer la société

Calcul de l'ANCC (en euros) :

Capitaux propres		3 150 000
Plus-value		
– Frais d'établissement		– 2 000
– Terrain 1	2 500 000 – 1 500 000	1 000 000
– Terrain 2	2 000 000 – 500 000	1 500 000
– Construction	2 000 000 – 1 000 000	1 000 000
Impôt différé		
– Frais d'établissement	2 000 / 3	667
– Terrain 2	500 000 / 3	– 500 000
– Provisions réglementées	100 000 / 3	– 33 333
Actif net comptable		6 115 334

D'où un ANCC hors exploitation : 2 000 000 – 500 000 = 1 500 000 €

Soit un ANCC d'exploitation de : 6 115 334 – 1 500 000 = 4 615 334 €

Calcul de la VSB (en euros) :

Actif d'exploitation Actif circulant Grosse réparation	2 500 000 + 2 000 000 + 1 500 000	6 000 000 1 200 000 800 000
VSB		8 000 000

Calcul du résultat lié à la VSB (en euros) :

Résultat courant Taxe foncière DAP sur grosse réparation Charges financières	400 000 + 260 000 800 000 / 10	660 000 6 000 – 80 000 120 000
Résultat brut lié à la VSB		706 000
Résultat net	706 000 × 2/3	470 667

Rémunération attendue : 8 000 000 × 5 %	400 000
Rémunération réelle	470 667
Rente du *goodwill*	70 667

Actualisation du *goodwill* $= 70\,667 \times \dfrac{1 - 1{,}1^{-5}}{0{,}1} = 267\,883$ K€

Capitalisation du *goodwill* : $\dfrac{70\,667}{0{,}2} = 353\,335$ €

3. Valeur de l'action

ANCC	6 115 334	
Moyenne des *goodwill*	310 609	(267 883 + 353 335) / 2
Valeur de la société	6 425 943 €	

Valeur de l'action : 6 425 943 / 20 000 = 321,30 €

Exercice 7
Confusion de patrimoine

Les dirigeants du groupe COSMEGAM décident de procéder à une dissolution-confusion de deux sociétés du groupe dans des conditions précisées en annexes 1 et 2.

1. Rappeler la définition de la confusion de patrimoine.

2. Quelle est la modalité d'évaluation des apports dans ce cas de figure ?

3. Calculer le mali de fusion puis comptabiliser l'opération de confusion dans les comptes de la société CREME en prenant soin de justifier vos réponses.

4. Après la confusion de patrimoine, comment la société CREME doit-elle traiter comptablement les engagements de retraites de la société SOLAIRE ? Justifiez votre réponse. Le cas échéant, passer les écritures comptables nécessaires.

Annexe 1. Informations complémentaires portant sur la dissolution confusion

Le 01/07/N, la société CREME qui détient 100 % de la société SOLAIRE décide de réaliser une dissolution confusion. Par simplification, il ne sera pas tenu compte de la fiscalité.

Bilan de la Société SOLAIRE au 30/06/N (en euros)					
ACTIF	**Brut**	**Amort.**	**Net**	**PASSIF**	**Net**
				Capital (100 000 actions)	1 000 000
Immobilisations incorporelles	50 000	20 000	30 000	Réserves	120 000
Immobilisations corporelles	900 000	200 000	700 000	Report à nouveau débiteur	– 1 500 000
Immobilisations financières	80 000		80 000	Résultat (perte)	– 80 000
Stocks	27 000		27 000	Provisions pour risques et charges	15 000
Créances clients	280 000		280 000	Emprunts	1 222 000
Disponibilités	10 000		10 000	Autres dettes	350 000
Total	**1 347 000**	**220 000**	**1 127 000**	**Total**	**1 127 000**

À cette date, le rapport d'experts en évaluation a fixé à 450 000 €, la valeur globale de la société. Cette évaluation a notamment tenu compte des ajustements suivants :

1. Une plus-value de 100 000 € sur un brevet.
2. Une plus-value de 200 000 € sur une construction.

3. Une provision pour indemnité de départ en retraite de 90 000 € (la société SOLAIRE a opté dans ses comptes sociaux pour la non-comptabilisation de ces engagements).
4. Un fonds de commerce créé.

Annexe 2. Extrait du bilan de la Société CREME au 30/06/N

ACTIF	Brut	Dépréc.	Net	PASSIF	Net
100 000 titres SOLAIRE	800 000	350 000	450 000	Provisions (1)	150 000

(1) Provision pour engagements de retraite.

Corrigé

1. Rappeler la définition de la confusion de patrimoine.

Lorsqu'une société détient 100 % d'une filiale et qu'elle entend l'absorber, celle-ci peut recourir soit à la fusion simplifiée, soit à la dissolution sans liquidation appelée confusion de patrimoine. La dissolution de la société entraîne la transmission universelle du patrimoine de la société à l'associé unique, les parts ou actions de la société dissoute ne donnent lieu à aucune rémunération (pas d'échange d'actions ou de parts). Si l'associé unique est une personne physique, ces dispositions ne s'appliquent pas.

2. Quelle est la modalité d'évaluation des apports dans ce cas de figure ?

Selon le règlement CRC 2004-01 (§7), les opérations de dissolution par confusion de patrimoine étant par définition toujours réalisées entre entreprises sous contrôle commun, les actifs et passifs de l'entreprise dissoute sont toujours transmis à leur valeur comptable.

3. Calculer le mali de fusion puis comptabiliser l'opération de confusion dans les comptes de la société CREME en prenant soin de justifier vos réponses.

Valeur comptable de la société Solaire :

Capital	1 000 000	
Réserve légale	120 000	
Report à nouveau	– 1 500 000	
Résultat	– 80 000	
Valeur d'apport	– 460 000	
Valeur des titres appartenant à Crème	– 450 000	(valeur nette)
Mali de fusion	– 910 000	

Il convient de déterminer le vrai et le faux mali.

Si l'évaluation se fait à la valeur réelle : valeur d'apport	450 000
Valeur des titres appartenant à CREME	– 450 000
Vrai mali	0

De ce fait, la totalité du mali est un mali technique. Ce mali étant supérieur aux plus-values latentes (300 000 × 100 %), il doit être affecté aux différents éléments, le reliquat (soit 610 000) sera comptabilisé en fonds commercial, dans le compte 2081 Mali de fusion actif incorporel.

2961	Dépréciation des titres SOLAIRE	350 000	
2081...	Mali de fusion sur éléments incorporels (100 000 + 610 000)	710 000	
2187	Mali technique sur éléments corporels	200 000	
261	Titres SOLAIRE		800 000
456	SOLAIRE, compte d'apport		460 000
	Promesse d'apport		
456	SOLAIRE, compte d'apport	460 000	
20..	Immobilisations incorporelles	50 000	
21..	Immobilisations corporelles	900 000	
26/27	Immobilisations financières	80 000	
3...	Stocks	27 000	
4...	Créances	280 000	
51	Disponibilités	10 000	
280...	Amortissement des immobilisations incorporelles		20 000
281...	Amortissement des immobilisations corporelles		200 000
15..	Provisions		15 000
16...	Emprunts		1 222 000
4...	Autres dettes		350 000
	Réalisation des apports		

4. Après la confusion de patrimoine, comment la société CREME doit-elle traiter comptablement les engagements de retraites de la société SOLAIRE ? Justifiez votre réponse. Le cas échéant, passer les écritures comptables nécessaires.

Si la société absorbante ou bénéficiaire des apports applique déjà les méthodes de référence, le choix est irréversible, elle doit alors les appliquer aux éléments de la société absorbée ou apporteuse (si cette dernière ne les pratiquait pas).

Par assimilation aux règles des changements de méthode, le Comité de réglementation comptable considère qu'il convient de comptabiliser les conséquences de ces changements éventuels ***en capitaux propres***.

En l'espèce, CREME utilise la méthode de référence pour les engagements de retraite alors que SOLAIRE n'utilisait pas cette méthode. Les apports de SOLAIRE n'ont pas fait apparaître l'engagement de retraite car ils étaient comptabilisés à la valeur comptable sans provision pour engagements de retraite.

En revanche, CREME doit enregistrer les engagements en matière de retraite ***par assimilation*** à un changement de méthode comptable à imputer aux capitaux propres.

Enregistrement du changement comptable (engagement en matière de retraite de SOLAIRE) :

11	Report à nouveau	90 000	
153	Provisions pour indemnités de départ en retraite		90 000

Exercice 8
Fusion – Valeur comptable

Le groupe décide que la SA MSUFI absorbera la SA BOL. Les éléments nécessaires à la fusion sont fournis en annexes.

1. À partir de l'annexe 3 :

- **déterminer le rapport d'échange entre les titres de la SA BOL et de la SA MSUFI ;**
- **indiquer le nombre de titres que la MSUFI doit émettre et le montant de la soulte totale ;**
- **vérifier que la soulte permet de se placer dans le cadre du régime fiscal des fusions (Code de commerce, art. 236-1).**

2. À partir de l'annexe 4, déterminer la valeur des éléments incorporels non identifiables du fonds de commerce (*goodwill*).

3. Indiquer la modalité d'évaluation comptable des apports. Justifier votre réponse.

4. Déterminer la valeur des apports et les modalités de l'augmentation de capital.

5. Présenter les écritures de fusion chez la SA MSUFI.

Annexe 1 : Informations relatives aux sociétés

Actionnaires de la SA MSUFI :

- SA MATIK : 10 200 actions ordinaires ;
- Madame RENEE : 9 300 actions ordinaires ;
- Divers actionnaires : 500 actions ordinaires ;
- Fonds de pension : 4 000 actions de préférence sans droit de vote.

La société BOL a un capital de 500 actions. La SA MATIK en détient 240. Les autres actions de la SA BOL (260) sont entièrement détenues par la SA PLACE. La SA MATIK a depuis toujours nommé la majorité des membres du conseil d'administration car la SA PLACE n'entend exercer ni partager le contrôle de la SA BOL.

Annexe 2 : Extrait des bilans au 31/12/N de la SA MSUFI et de la SA BOL (en euros)

Actif	MSUFI	BOL	Passif	MSUFI	BOL
Immobilisations incorporelles	3 128 000	29 000	Capital	2 400 000	60 000
Immobilisations corporelles	1 620 000	155 000	Prime d'émission	140 000	
Titres de participation	140 000		Réserves	1 840 000	80 000
Stocks	1 234 000	45 000	Résultat	280 000	20 000
Créances	1 386 000	24 000	Emprunt	1 350 000	63 000
Banque	32 000	5 000	Autres dettes	1 530 000	35 000
	7 540 000	**258 000**		**7 540 000**	**258 000**

Annexe 3 : Extrait du protocole de fusion

Les parités d'échange de titres ont été fixées en évaluant chacune des sociétés selon leur actif net comptable corrigé en tenant compte d'actifs immobilisés non identifiés et d'éventuels arrondis.

- Les titres de la SA MSUFI et de la SA BOL seront finalement retenus pour les valeurs respectives de 210 € et de 430 €.
- Une soulte de 10 € par action de la SA BOL échangée sera versée.
- Si les valeurs réelles des apports de la SA BOL sont retenues pour la fusion, elles correspondront à celles présentées en annexe 4.

Annexe 4 : Évaluation des apports de la SA BOL

Les travaux préparatoires à la fusion ont permis d'évaluer les apports de la SA BOL :

Immobilisations incorporelles :

- Elles concernent une licence d'exploitation d'une marque évaluée 37 000 €.
- Les éléments incorporels non identifiables du bilan seront retenus sur les bases suivantes :
  - Méthode retenue : méthode des CPNE (capitaux permanents nécessaires à l'exploitation). Taux de rémunération : 6,90 %,
  - Le besoin en fonds de roulement est estimé à 25 000 € ;
- Immobilisations corporelles :
  - Elles sont évaluées 180 000 €. La plus-value provient d'une construction.
  - Une de ces immobilisations est considérée comme un actif non productif pour un montant net de 15 000 € (amorti de 3 000 € en N).

- Autres éléments du bilan :
  - Les valeurs comptables sont jugées correctes.
- Informations complémentaires :
  - Le résultat comporte des charges exceptionnelles pour 3 000 € et il tient compte d'un impôt sur les sociétés de 7 000 €. Ce résultat ne sera pas distribué.
  - Le taux d'actualisation de la rente du *goodwill* sera de 13,7 % et la durée de calcul de 5 ans.
  - Le taux d'imposition est de 33 1/3 %.

Corrigé

1. Déterminer le rapport d'échange entre les titres de la SA BOL et de la SA MSUFI.

La valeur d'apport de BOL est de 430 €, celle de MSUFI 210 € soit une parité de $\frac{430}{210}$ = 2,04 soit 2 actions M pour 1 action B et une soulte de 10 € par action.

Vérification : 2 × 210 = 420 € et 1 × 430 – 10 = 420 €.

En déduire le nombre de titres à émettre et le montant de la soulte totale.

Nombre de titres à rémunérer 500

Nombre de titres à créer : 500 × 2 = 1 000 actions MSUFI.

Montant de la soulte : 10 × 500 = 5 000 € ;

Vérifier que la soulte permet de se placer dans le cadre du régime légal des fusions (Code de commerce, art. 236-1).

Le montant nominal de l'augmentation de capital est de : 1 000 × 100 = 100 000. La soulte est bien inférieure à 10 % de ce montant (5 000 € < 10 000 €).

2. À partir de l'annexe 4, déterminer la valeur des éléments incorporels non identifiables du fonds de commerce (*goodwill*).

Valeur des CPNE :

Immobilisation nécessaire à l'exploitation (37 000 + 180 000 – 15 000)	202 000
BFR	25 000
CPNE	227 000

Calcul du résultat lié aux CPNE :

Résultat avant impôt (20 000 + 7 000)	27 000
Charges exceptionnelles	3 000
Amortissement des biens hors exploitation	3 000
Résultat avant impôt	33 000
Résultat après impôt (33 000 × 2/3)	22 000

Calcul de la rente du *goodwill* :

Rémunération attendue (227 000 × 6,90 %)	15 663
Rémunération réelle	22 000
Rente du *goodwill*	6 337

Actualisation sur 5 ans au taux de 13,7 % : $6\,337 \times \frac{1 - 1{,}137^{-5}}{0{,}137} = 21\,913$ €.

3. Indiquer la modalité d'évaluation comptable des apports. Justifier votre réponse.

La SA MSUFI est contrôlée (exclusivement) par la SAS MATIK ($\frac{10\,200}{210\,200 + 9\,300 + 500} = 51$ %)

La SA BOL est contrôlée par la SA MSUFI. En effet, l'énoncé indique que la SA MATIK nomme depuis toujours la majorité des membres du conseil d'administration.

Les deux sociétés sont donc sous le contrôle commun de la SAS MATIK. Quel que soit le sens de la fusion (à l'endroit ou à l'envers), l'évaluation des apports doit être réalisée sur la base des ***valeurs comptables.***

4. Déterminer la valeur des apports et les modalités de l'augmentation de capital.

Valeur de l'ANC : 160 000 € (capital + réserves + résultat)

Montant de l'augmentation de capital : 1 000 × 100 = 100 000

Soulte : 10 × 500 = 5 000

Soit une prime de fusion de : 160 000 – 105 000 = 55 000 €.

5. Présenter les écritures de fusion chez la SA MSUFI.

4561		Actionnaire, SA BOL	160 000	
	101	Capital		100 000
	1042	Prime de fusion		55 000
	512	Banque		5 000
208		Immobilisations incorporelles	29 000	
21		Immobilisations corporelles	155 000	
3		Stocks	45 000	
411		Créances	24 000	
51		Disponibilités	5 000	
	164	Emprunt		63 000
	40	Autres dettes		35 000
	4561	Actionnaire, SA BOL		160 000

Exercice 9
Fusion – Valeur réelle

En reprenant l'énoncé de l'exercice 8, il vous est demandé de réétudier la fusion dans le cas où la SA PLACE entend assurer le contrôle de la SA BOL (avant la fusion).

1. La modalité d'évaluation comptable des apports est-elle modifiée ? Justifier votre réponse.

2. Préciser la valeur des actifs incorporels non identifiés devant figurer au bilan après fusion.

3. Déterminer la prime de fusion.

4. Sachant que le contrat de fusion prévoit que les sociétés ne renoncent pas au régime spécial des fusions, présenter les écritures de fusion chez la SA MSUFI.

Corrigé

1. La modalité d'évaluation comptable des apports est-elle modifiée. Justifier votre réponse.

Avant fusion : la SA MSUFI est contrôlée par la SAS MATIK alors que la SA BOL est contrôlée par la société PLACE (nouvelle hypothèse de travail). ***Le contrôle est distinct***.

Après fusion : il faut étudier la structure du capital de la SA MSUFI (après fusion).

La SA PLACE détenant 260 titres BOL reçoit : 260 × 20 = 520 actions MSUFI.
La SAS MATIK détenant 240 titres BOL reçoit : 240 × 2 = 480 actions MSUFI.
La société PLACE détient 520 actions MSUFI sur 21 000 de capital soit une participation de 2,4 %.
La société MATIK détient 10 680 (10 200 + 480) actions MSUFI sur les 21 000 soit une participation de 50,85 %.
La SAS MATIK, initiatrice de l'opération de fusion, conserve le contrôle de l'ensemble fusionné.
La fusion est donc à l'endroit, les apports comptables sont évalués ***en valeur réelle***.

2. Préciser la valeur des actifs incorporels non identifiés.

Valeur de l'apport de la SA BOL (430 × 500) = 215 000
Valeur réelle des actifs et passifs identifiés :

Immobilisations incorporelles	37 000
Immobilisations corporelles	180 000
Stocks	45 000
Clients	24 000
Disponibilités	5 000
Emprunts	– 63 000
Autres dettes	– 35 000
	193 000

Incorporels non identifiés (*goodwill*) = 215 000 – 193 000 = 22 000 €

3. Déterminer la prime de fusion.

Montant de l'apport	215 000
Augmentation de capital	– 100 000
Soulte	– 5 000
Prime de fusion	110 000

4. Sachant que le contrat de fusion prévoit que les sociétés ne renoncent pas au régime spécial des fusions, présenter les écritures de fusion chez la SA MSUFI.

La licence d'exploitation de la marque ne génère pas d'impôt différé (plus-value placée en régime de sursis d'imposition).

L'étalement d'imposition sur 15 ans est par contre pratiqué sur la plus-value de fusion relative à l'apport de la construction.

Il faut donc provisionner le montant de l'impôt : 25 000 × 1/3 = 8 333,33 par prélèvement sur la prime de fusion.

4561		Actionnaire, SA BOL	215 000	
	101	Capital		100 000
	1042	Prime de fusion		110 000
	512	Banque		5 000
207		Fonds commercial	22 000	
208		Immobilisations incorporelles	37 000	
21		Immobilisations corporelles	180 000	
3		Stocks	45 000	
41		Créances	24 000	
51		Disponibilités	5 000	
	164	Emprunt		63 000
	40	Autres dettes		35 000
	4561	Actionnaire, SA BOL		215 000
1042		Prime de fusion	8 333	
	155	Provision pour impôts		8 333

Exercice 10
Fusion – Participation de l'absorbante dans l'absorbée

Il est envisagé de fusionner en janvier N+1 la société anonyme MICHEL, société au capital de 30 000 actions de 200 euros dont 80 % du capital appartient à la société PAUL INDUSTRIES et la société par actions simplifiée BERNARD, société au capital de 20 000 actions de 150 euros dont 60 % du capital appartient depuis le 1er janvier N-3 à la société MICHEL. Les titres BERNARD avaient été alors acquis 3 000 000 € par la société MICHEL.

Au moment de cette prise de participation, un écart d'acquisition (*goodwill*) avait été constaté pour 600 000 € alors qu'aucun écart d'évaluation n'avait été dégagé sur les actifs de la société BERNARD.

La société MICHEL absorbera avec effet au 1er janvier N+1 la société BERNARD.

Pour les besoins de la fusion, les actions de la société MICHEL sont évaluées à 400 € et ceux de la société BERNARD à 300 € l'unité. Le bilan (simplifié) au 31 décembre N de la société par actions simplifiée BERNARD vous est fourni en annexe.

1. Déterminer le nombre d'actions que la société MICHEL devra émettre pour effectuer l'absorption de la société BERNARD.

2. Passer dans le journal de la société MICHEL les écritures d'absorption de la société BERNARD.

Annexe : Bilans (simplifiés) de la société BERNARD au 31 décembre N (en euros)

Immobilisations incorporelles	1 200 000	Capital	3 000 000
Immobilisations corporelles	3 300 000	Réserves	1 600 000
Immobilisations financières	100 000	Résultat	200 000
Stocks	1 900 000	Provisions	120 000
Créances	1 800 000	Dettes financières	1 000 000
Liquidités	100 000	Autres dettes	2 480 000
	8 400 000		**8 400 000**

Corrigé

1. Déterminer le nombre d'actions que la société MICHEL devra émettre pour effectuer l'absorption de la société BERNARD.

La parité est de 4 actions B pour 3 actions M $\left(\frac{M}{B} = \frac{400}{300}\right)$

Nombre d'actions apportées : 20 000

Nombre d'actions à rémunérer : 20 000 × 40 % = 8 000

Nombre d'actions M à créer : 8 000 × ¾ = 6 000

2. Écritures d'augmentation de capital dans la société MICHEL.

Les deux sociétés sont sous le contrôle de la société PAUL (contrôle commun). Les apports de la société BERNARD seront comptabilisés à la valeur comptable.

Avant la fusion

PAUL
↓ 80 % (24 000 / 30 000)
MICHEL ⟶ BERNARD
60 %

Après la fusion

PAUL ⟶ MICHEL
66 % (24 000 / 36 000)

Cet apport est de 3 000 000 + 1 600 000 + 200 000 = 4 800 000.

Montant de l'apport	4 800 000
À rémunérer : 4 800 000 × 40 %	1 920 000
Augmentation de capital : 6 000 × 200	1 200 000
Prime de fusion	720 000

Chez MICHEL : annulation des titres BERNARD.

Montant de l'apport : 4 800 000 × 60 %	2 880 000
Valeur d'achat	3 000 000
Mali de fusion	120 000

Analyse du mali de fusion :

La valeur réelle de la société est de 20 000 × 300 = 6 000 000 €

Montant appartenant à MICHEL : 6 000 000 × 60 % =	3 600 000
Valeur d'achat	3 000 000
Boni	600 000

Soit un mali technique de 120 000 €. Il est enregistré en élément incorporel du fait qu'il n'y a aucune plus-value sur les autres immobilisations.

On passera les écritures suivantes :

	1/1/N+1		
4563	Société Bernard, compte d'apport	4 800 000	
2081	Mali de fusion – actif incorporel	120 000	
101	Capital social *6 000 × 200*		1 200 000
1042	Prime de fusion *4 800 000 × 40 % – 1 200 000*		720 000
261	Titres de participation Bernard		3 000 000
	Apport de la société Bernard		
207	Immobilisations incorporelles	1 200 000	
21	Immobilisations corporelles	3 300 000	
26	Immobilisations financières	100 000	
3.	Stocks	1 900 000	
4.	Créances	1 800 000	
5.	Disponibilités	100 000	
15	Provisions		120 000
16	Dettes financières		1 000 000
4.	Autres dettes		2 480 000
4563	Société Bernard, compte d'apport		4 800 000
	Réalisation de l'apport		

Exercice 11
Fusion – Participation de l'absorbée dans l'absorbante

La SA OCEAN a été progressivement conduite à diversifier ses activités notamment dans le domaine de l'ingénierie pour les industries agroalimentaires. C'est ainsi qu'est née la SA OCEAGRI dont le siège se situe à Quimper et qui est spécialisée dans ce secteur d'activité. Son capital est composé de 100 000 actions de nominal 100 €. Parmi les nombreux actionnaires de celle-ci, on trouve la SA COPAGRI, qui détient 1 500 actions et dont le siège se situe à Lorient. Afin de développer leurs parts de marché, grâce aux synergies entre les deux organisations, les deux sociétés envisagent de fusionner sur la base d'une fusion absorption placée sous le régime de faveur prévu par l'article 210-A du CGI. La société OCEAGRI absorbe la société COPAGRI.

Après négociation, les deux sociétés ont convenu que l'échange des actions de la SA COPAGRI contre des actions de la SA OCEAGRI s'effectuera sur la base d'une valeur d'échange de chaque société composée de deux éléments :

- l'actif net comptable corrigé en tenant compte de la fiscalité différée affectant les éléments d'actif et de passif du bilan ainsi que de la fiscalité différée sur les plus ou moins-values de cession des biens amortissables. Par contre, il a été convenu de ne pas tenir compte de la fiscalité latente sur les plus ou moins-values relatives aux éléments non amortissables (qu'ils soient nécessaires ou pas à l'exploitation) ;

en effet, compte tenu des intentions de la société absorbante, l'imposition sur ces éléments a peu de chance de survenir dans un avenir proche ;

- une survaleur ou *goodwill*, permettant d'évaluer les différents éléments du fonds commercial au sens large (qui représente pour chacune des sociétés, compte tenu de leur activité, de son contenu technologique, des recherches en cours, de l'expérience du personnel, un élément non négligeable de leur valeur). Ce *goodwill* sera évalué selon les conditions énoncées dans l'annexe 2.

La valeur d'échange d'une action de la SA OCEAGRI calculée selon ces modalités, a été fixée à 212 €. Le taux d'imposition est de 33 1/3 %.

1. **Présentez les principales caractéristiques du régime de faveur en ce qui concerne l'impôt sur les sociétés pour l'absorbée et pour l'absorbante, ainsi que les obligations comptables de l'absorbante.**
2. **Compte tenu des informations des annexes déterminez la valeur d'échange de l'action de la SA COPAGRI (en arrondissant à l'unité la plus proche). Proposez une parité d'échange.**
3. **La parité d'échange retenue est de deux actions de la SA COPAGRI contre une action de la SA OCEAGRI. Les deux sociétés se sont mises d'accord sur le principe d'une évaluation globale des apports ; celle-ci, fixée à 4 100 000 €, correspond à la valeur vénale des éléments apportés avec une prise en compte partielle du *goodwill*.**

   La société OCEAGRI n'entend pas conserver en portefeuille ses propres actions reçues de la SA COPAGRI et a décidé de procéder à leur annulation.

   Déterminez les modalités de la fusion.

   On précise que la société COPAGRI n'a pas constitué de provision pour impôts.
4. **Présentez dans la comptabilité de la société OCEAGRI les enregistrements relatifs à la fusion.**

Annexe 1 : Informations complémentaires sur certains postes du bilan de la société COPAGRI

PASSIF

Le capital est composé de 40 000 actions de valeur nominale 50 €.

Les capitaux propres s'élèvent à 3 429 062 €.

Les provisions réglementées sont composées de :

– amortissements dérogatoires	22 500
– provisions pour hausse des prix	16 290
	38 790

Une subvention d'investissement nette de 156 000 € est inscrite au bilan.

ACTIF

Les frais d'établissement s'élèvent à 42 438 €.

Les titres immobilisés représentent 1 500 actions de la société OCEAGRI acquis en N-1 pour 234 480 €.

Les charges à répartir concernent les frais d'émission d'emprunt pour 17 550 €.

Les primes de remboursement des obligations (27 600 €) sont amorties de façon à obtenir une déductibilité fiscale totale des amortissements.

ÉVALUATION DES POSTES DU BILAN

- Évaluation des autres immobilisations :

	Valeur vénale	Valeur nette comptable
Terrains	720 000	658 000
Constructions	1 640 100	1 640 100
Installations techniques	1 238 000	1 167 200
Autres immobilisations corporelles	498 000	507 300
Autres titres immobilisés	318 000 (*)	234 480
Prêts	84 850	84 850

(*) Soit 1 500 titres évalués à la valeur d'échange de 212 €

- Parmi ces immobilisations, sont considérées comme immobilisations non nécessaires à l'exploitation
- un terrain de valeur vénale 300 000 € (valeur d'origine : 240 000 €) ;
- les autres titres immobilisés ;
- les prêts.
- Tous les autres éléments du bilan ont une valeur vénale égale à leur valeur au bilan.
- Outre les équipements inscrits au bilan, la société utilise deux matériels en crédit-bail. Les contrats relatifs à ces matériels ont tous deux été conclus le 1er janvier N-2 pour une durée de 5 ans. Valeur d'origine des matériels : 500 000 €. Leur valeur d'utilité est représentée par leur valeur nette comptable compte tenu d'un amortissement linéaire sur 5 ans.

Les redevances annuelles, payables d'avance le 1er janvier de chaque année, s'élèvent à 50 000 €. Le prix de levée de l'option au 1er janvier N+3 est fixé à 30 000 €.

La valeur actuelle des redevances restant à payer sera calculée au taux de 8 % et arrondie au millier le plus proche. La plus ou moins-value éventuelle sur ces matériels en crédit-bail sera prise en compte dans la détermination de la valeur d'échange de l'action COPAGRI. Elle sera considérée comme plus ou moins-value sur élément amortissable.

Annexe 2 : Informations sur l'évaluation du *goodwill*

Le *goodwill* est estimé à partir d'une rémunération des capitaux permanents nécessaires à l'exploitation de 6 % l'an. La rente ainsi dégagée est actualisée sur 5 ans au taux de 10 % l'an (taux minimum requis par les actionnaires du secteur d'activité de la société absorbée). Le *goodwill* sera arrondi au millier d'euros le plus proche.

Le besoin en fonds de roulement normatif s'élève à 427 000 €.

Le bénéfice économique lié aux capitaux permanents nécessaires à l'exploitation s'élève à 447 092 €.

Corrigé

1. Présentez les principales caractéristiques du régime de faveur en ce qui concerne l'impôt sur les sociétés pour l'absorbée et pour l'absorbante, ainsi que les obligations comptables de l'absorbante.

Conséquences fiscales chez l'absorbée :

- Les plus-values dégagées sur l'ensemble des éléments d'actif apportés ne sont pas imposables (imposition transférée à l'absorbante).
- Les provisions qui conservent leur objet ne sont pas imposables.
- Les bénéfices réalisés depuis l'ouverture de l'exercice en cours à la date de fusion (sauf clause de rétroactivité) et les provisions devenues sans objet sont imposables.

Conséquences fiscales et comptables de l'absorbante :

La plus-value d'apport sur les éléments de l'actif circulant (autres que les titres) n'est pas imposée tant que la société absorbante conserve ces éléments dans ses actifs, à condition qu'ils soient comptabilisés à la valeur fiscale qu'ils avaient chez l'absorbée (sinon taxation immédiate).

- L'imposition des plus-values sur les immobilisations amortissables est différée : étalement sur 15 ans pour les plus-values relatives aux constructions, sur 5 ans pour les autres immobilisations. En cas de cession de l'élément amortissable, la plus-value non encore réintégrée est immédiatement imposable. Les amortissements et les plus-values de cession ultérieures sont calculés d'après la valeur qui leur a été attribué dans l'apport.
- La plus-value sur l'apport des immobilisations non amortissables et des titres n'est pas imposée tant que la société absorbante conserve ces éléments dans ses actifs. Les plus ou moins-values ultérieures sur cession sont calculées d'après la valeur d'origine chez l'absorbée et non de la valeur d'apport.
- La société absorbante doit inscrire au passif de son bilan les provisions réglementées dont l'imposition est différée (sauf les amortissements dérogatoires) qui figuraient au passif de la société absorbée.
- Elle doit constituer une provision pour impôts correspondant à la dette d'impôt différée sur les plus-values relatives aux éléments amortissables (si la provision n'a pas été constituée par la société absorbée).

2. Déterminez la valeur d'échange de l'action de la SA COPAGRI (en arrondissant à l'unité la plus proche). Proposez une parité d'échange.

Calcul de l'ANCC (en euros) :

Capitaux propres	3 429 062
Charges à répartir	– 17 550
Frais d'établissement	– 42 438
Prime de remboursement des obligations	– 27 600
Plus-value	
Terrain	62 000
ITMOI (installations techniques)	70800
Autres immobilisations	– 9 300
Autres titres immobilisés	83 520
Crédit-bail	78 000
Impôt	
CAR (charges à répartir)	5 850
Frais établissement	14 146
Prime de remboursement	9 200
ITMOI	– 23 600
Autres immobilisations	3 100
Crédit-bail	– 26 000
Provisions réglementées	– 12 930
Subvention	– 52 000
Actif net comptable corrigé	3 544 260

Valeur actuelle des versements restant à effectuer :

$50\,000 + 50\,000 \times (1{,}08)^{-1} + 30\,000 \times (1{,}08)^{-2} = 122\,016$ € soit 122 000 €

Valeur nette comptable : $500\,000 \times \frac{2}{5} = 200\,000$ €

Plus-value : 200 000 – 122 000 = 78 000 €

Calcul des CPNE :

Actif immobilisé d'exploitation :

Terrain : 720 000 – 300 000	420 000
Construction	1 640 100
Installation	1 238 000
Autres immobilisations	498 000
Valeur d'utilité du crédit-bail	200 000
Besoin en fonds de roulement	427 000
Capitaux permanents nécessaires à l'exploitation	4 423 100

Rente du GW : 447 092 – 4 423 100 × 6 % = 181 706 €

Goodwill : $181\ 706 \times \dfrac{1 - 1{,}10^{-5}}{0{,}10}$ = 688 808 € soit 689 000 €

Valeur d'échange : 3 544 260 + 689 000 = 4 233 260 € soit une valeur nominale de 4 233 260 / 40 000 = 105,83 €, soit 106 €.

Parité : $\dfrac{\text{Oceagri}}{\text{Copagri}} = \dfrac{212}{106}$ = 2 soit 2 actions Copagri pour 1 action Oceagri.

3. Déterminez les modalités de la fusion.

Nombre d'actions à rémunérer : 40 000

Nombre d'actions Oceagri à créer : 40 000 / 2 = 20 000

Valeur de l'apport	4 100 000
Augmentation de capital : 20 000 × 100	2 000 000
Prime de fusion	2 100 000

Annulation de ses propres titres :

Valeur des titres reçus : 1 500 × 212	318 000
Réduction du capital : 1 500 × 100	150 000
Imputation sur la prime de fusion	168 000

Application du régime fiscal de faveur :

Provision pour hausse des prix	16 290
Provision pour impôts sur plus-values des biens amortissables apportés (23 600 – 3 100 + 26 000)	46 500
Imputation sur la prime de fusion	62 790

Montant de la prime de fusion : 2 100 000 – 168 000 – 62 790 = 1 869 210 €

4. Présentez dans la comptabilité de la société OCEAGRI les enregistrements relatifs à la fusion.

4561		Actionnaire, Copagri	4 100 000	
	101	Capital		2 000 000
	1042	Prime de fusion		2 100 000
1013		Capital souscrit appelé	150 000	
1042		Prime de fusion	168 000	
	2772	Actions propres		318 000
1042		Prime de fusion	62 790	
	155	Provision pour impôts		46 500
	1431	PHP		16 290

Il n'est pas possible de constater les écritures de libération du capital car nous n'avons pas les informations suffisantes.

Exercice 12
Fusion – Participation réciproque

La société A décide d'absorber la société B.

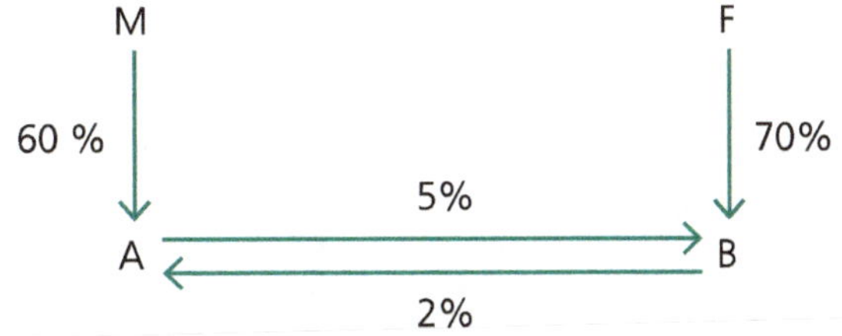

Les bilans en valeurs nettes se présentent ainsi en K€ :

	A	B		A	B
Immobilisations. Incorporelles			Capital	1 500	500
Immobilisations corporelles	2 050	615	Réserves	1 320	340
Titres participations	50	45	Provision Risque charge		15
Clients	840	320	Emprunt		
Disponibilités	180	120	Fournisseurs	300	245
	3 120	**1 100**		**3 120**	**1 100**

Informations complémentaires :

Société A :

- Valeur nominale : 200 € ;
- Les immobilisations corporelles peuvent être évaluées à 2 420 K€ ;
- Les clients sont évalués à 910 K€ ;
- Les titres de participation sont les titres B. Lors de la prise de participation les réserves s'élevaient à 250 K€.

Société B :

- Valeur nominale : 100 € ;
- Les immobilisations corporelles sont évaluées à 1 554 K€ ;
- Les titres de participation sont les titres A.

Analyser la fusion. Présenter les écritures.

Corrigé

Détermination des valeurs mathématiques de A et B :

La société A est constituée de 7 500 actions, celui de B de 5 000.

	A	B
Capitaux propres	2 820	840
Plus-value		
Immobilisations corporelles	370	939
Titres participations	250 B – 50	150 A – 45
Clients	70	
	7 500 A	5 000 B

7 500 A = 3 210 000 + 250 B

5 000 B = 1 734 000 + 150 A

Après résolution, A = 440 € et B = 360 €.

Parité d'échange : $\frac{A}{B} = \frac{440}{360} = \frac{11}{9}$ soit 9 actions A pour 11 actions B.

Nombre d'actions apportées : 5 000

Nombre d'actions à rémunérer : 5 000 – 250 = 4 750

Nombre d'actions à créer : 4 750 × 9/11 = 3 886, 36 actions.

Il faut tenir compte d'une soulte ; en effet, il faut un nombre exact d'actions. Il faut rémunérer 4750 actions, il faut constituer des lots de 11 actions soit 4 750 / 11 = 431,82 lots. On arrondit à 431 × 11 = 4 741 actions B soit 4 741 × 9/11 = 3 879 actions A à créer.

Montant de l'apport : 4 750 × 360 =	1 710 000
Montant rémunéré : 4 741 × 360 =	1 706 760
Soulte	3 240

Nombre d'actions A : 7 500 + 3 879 = 11 379

F reçoit 70 % × 3 879 = 2 715 actions A

M détient 60 % × 7 500 = 4 500 actions A

M → A : 4 500 / 11 379 ; 39,54%

F → A : 2 715 / 11 379 = 23.85%

A (11 379 actions)

M reste l'actionnaire principal, la fusion se fait à l'endroit, l'apport est évalué à la valeur réelle.

Chez l'absorbante :

Montant de l'apport à rémunérer : 5 000 × 360 × 95 % =	1 710 000
Augmentation de capital : 3 879 × 200 =	775 800
Soulte	3 240
Prime de fusion	930 960

Annulation des actions propres :

Titres reçus : 150 × 440	66 000
Réduction du capital : 150 × 200	30 000
Imputation sur la prime de fusion	36 000

Annulation des actions de l'absorbée

Apport : 250 × 360	90 000
Valeur d'achat	50 000
Boni de fusion	40 000

Lors de la prise de participation, les réserves étaient de 250 K€. La quote-part des résultats accumulés par l'absorbée depuis l'acquisition et non distribués est à enregistrer en produits financiers pour (340 – 250) × 5 % = 4,5 K€. La différence est à affecter en prime de fusion.

Prime de fusion : 930 960 – 36 000 + (40 000 – 4 500) = 929 360 €

Écritures chez l'absorbante :

456	Société absorbée compte d'apport 5 000 × 360	1 800 000	
768	Boni de fusion		4 500
512	Banque		3 240
101	Capital		775 800
261	Titres de participation		50 000
1042	Prime de fusion 930 960 + 40 000 – 4 500		966 460
21	Immobilisations corporelles	1 554 000	
277	Titres de participations 150 × 440	66 000	
411	Clients	320 000	
51	Disponibilités	120 000	
15	Provision pour risques et charges		15 000
401	Fournisseurs		245 000
456	Société absorbée compte d'apport		1 800 000
101	Capital	30 000	
1042	Prime de fusion	36 000	
277	Titres de participations		66 000

Exercice 13
Analyse de la fusion

Dans le cadre de sa politique de croissance externe, la société RAPHAËL a, dans un premier temps, pris une participation de 70 % dans la société LEBRUN. Aujourd'hui, les nouveaux dirigeants dont M. Picou, directeur général de la société RAPHAËL, ont opté pour une forme plus poussée de concentration. Il est décidé d'absorber la société LEBRUN au 1er janvier N.

Pour l'ensemble de ce dossier, l'aspect fiscal sera négligé.

1. Rédiger une note de synthèse sur l'opération de fusion envisagée. Cette note devra présenter :

- **la définition des termes suivants de l'avis du CNC n° 2004-01 : entités sous contrôle commun, entités sous contrôle distinct ;**
- **l'analyse de l'opération de fusion envisagée (société cible, société initiatrice, justification du sens de la fusion) et la conclusion sur la méthode de valorisation des apports à retenir ;**
- **la détermination de la valeur d'apport dans le cas de la fusion – absorption de la société LEBRUN par la société RAPHAËL.**

2. Calculer le boni ou le mali de fusion et procéder à son analyse. Vérifier que le montant du mali technique (ou faux mali) s'élève à 1 750 K€.

3. a) Déterminer le rapport d'échange des titres.

b) Préciser les modalités de l'augmentation de capital : nombre de titres créés, prime de fusion.

c) Présenter les écritures de fusion au 1er janvier N enregistrées dans la comptabilité de l'absorbante.

Annexe 1 - Bilans résumés des sociétés RAPHAËL et LEBRUN

1. Bilan de la SA RAPHAËL au 31/12/N-1 (en K€)

ACTIF	Brut	A/D	Net	PASSIF	Net
Terrain	4 000		4 000	Capital (150 000 actions)	22 500
Constructions	5 100	900	4 200	Réserves	1 800
Matériel et outillage	2 800	700	2 100	Provisions réglementées (2)	700
Titres de participation (1)	13 500		13 500	**Total**	25 000
Stocks	1 900	100	1 800	Provisions pour risques	100
Clients	8 050	50	8 000	Emprunts	7 500
Disponibilités	1 400		1 400	Dettes exploitation	1 900
				Dettes diverses	500
	36 750	**1 750**	**35 000**		**35 000**

(1) Le portefeuille titres est composé uniquement de 70 000 titres LEBRUN.
(2) Il s'agit d'une provision pour hausse des prix.

L'actionnaire principal, la SA MUPPI, détient à elle seule 127 500 actions.

Les engagements de retraite ne sont pas provisionnés mais une information figure en annexe : montant de 260 K€ au 31/12/N-1.

La société n'enregistre pas dans ses comptes individuels la fiscalité différée.

1.2. Bilan de la SA LEBRUN au 31/12/N-1 (en K€)

ACTIF	Brut	A/D	Net	PASSIF	Net
Terrain	3 500		3 500	Capital (100 000 actions)	10 000
Constructions	3 500	400	2 800	Réserves	4 000
Matériel et outillage	4 100	1 800	2 300	Provisions réglementées (1)	500
				Total	14 500
Stocks	1 400		1 400		
Clients	5 300		5 300	Emprunts	2 500
Disponibilités	2 700		2 700	Dettes exploitation	800
				Dettes diverses	200
	20 200	**2 200**	**18 000**		**18 000**

(1) Il s'agit d'une provision pour hausse des prix.

Annexe 2 - Informations complémentaires figurant dans le traité de fusion

- L'opération est datée du 1er janvier N.
- Le traité de fusion indique l'option pour une fusion « renonciation ».
- La valorisation totale de la SA RAPHAËL, qui constitue la valeur d'échange, résulte de l'application de méthodes multicritères combinant approches patrimoniales et approches basées sur la capacité bénéficiaire. Elle s'élève à 54 000 K€.
- La valeur d'échange de la société LEBRUN (calculée selon les mêmes méthodes multicritères que celles appliquées pour obtenir celle de la société RAPHAËL) s'élève à 28 800 K€.
- Diverses expertises portant sur les éléments transmis ont été effectuées. Elles ont permis d'obtenir les valeurs réelles suivantes :
  - pour les éléments identifiables :
    - actifs incorporels (marques…) : .... 1 340 K€
    - terrains : .... 4 300 K€
    - constructions : .... 3 200 K€
    - stocks : .... 1 650 K€
    - clients .... 5 200 K€
    - engagements pour pensions de retraite .... 190 K€
  - pour les éléments non identifiables : ....néant.

Corrigé

1. Rédiger une note de synthèse sur l'opération de fusion envisagée. Cette note devra présenter :

- **la définition des termes suivants : entités sous contrôle commun, entités sous contrôle distinct ;**
- **l'analyse de l'opération de fusion envisagée (société cible, société initiatrice, justification du sens de la fusion) et la conclusion sur la méthode de valorisation des apports à retenir ;**
- **la détermination de la valeur d'apport dans le cas de la fusion – absorption de la société LEBRUN par la société RAPHAËL.**

Définition des termes : entités sous contrôle commun, entités sous contrôle distinct

Pour chaque opération, il convient de déterminer s'il s'agit d'une opération impliquant des sociétés sous contrôle commun ou distinct. En effet, la détermination du contrôle ou de l'absence de contrôle au moment de l'opération est le nœud de la problématique qui permettra d'appliquer le traitement comptable adéquat à l'opération de restructuration. C'est en fonction de l'analyse du contrôle que l'on retiendra, selon le cas, la valeur réelle ou la valeur comptable dans le traité d'apport.

- Entités sous contrôle commun (opérations impliquant des sociétés sous contrôle commun) : l'une des sociétés, participant à l'opération, contrôle préalablement l'autre, ou les deux sociétés sont préalablement sous le contrôle d'une même société mère. Il s'agit du contrôle exclusif défini par le règlement CRC 99-02. Il renvoie à la définition du contrôle donnée pour les comptes consolidés.
- Entités sous contrôle distinct (opérations impliquant des sociétés sous contrôle distinct) : aucune des sociétés participant à l'opération ne contrôle préalablement l'autre ou ces sociétés ne sont pas préalablement sous le contrôle d'une même société mère.

Analyse de l'opération de fusion envisagée (société cible, société initiatrice, justification du sens de la fusion) et conclusion sur la méthode de valorisation des apports à retenir

La société RAPHAËL contrôle avant l'opération de fusion la société LEBRUN (contrôle exclusif dû à la détention de la majorité absolue des droits de vote). Dans un tel contexte, le sens de la fusion (à l'endroit ou à l'envers) n'a pas d'incidence sur la méthode de valorisation des apports à retenir. Les apports doivent obligatoirement être évalués à leur valeur comptable.

La société MUPPI actionnaire principal de la société RAPHAËL possédant avant la fusion (127 500 titres /150 000) soit 85 % des droits de vote, conservera le contrôle de la société après la fusion : 127 500/(150 000 + 24 000) soit 73,28 % des droits de vote. Il s'agit d'une fusion à l'endroit, l'absorbante est l'initiatrice de l'opération.

Détermination de la valeur d'apport dans le cas de la fusion – absorption de la société LEBRUN par la société RAPHAËL

La valeur comptable est de : 14 500 K€.

2. Calculer le boni ou le mali de fusion et procéder à son analyse. Vérifier que le montant du mali technique (ou faux mali) s'élève à 1 750 K€.

Calcul du boni ou du mali de fusion :

Montant de l'apport à rémunérer : 14 500 × 30 % = 4 350 K€

Montant de l'apport détenu par RAPHAËL : 14 500 × 70 % =	10 150
Valeur d'achat	13 500
Mali de fusion	– 3 350 (K€)

Analyse du mali de fusion :

Calcul de la valeur réelle (en K€) :

Capitaux propres		14 500	
Plus-value	sur incorporel	1 340	
	sur terrain	800	(4 300 – 3 500)
	sur construction	400	(3 200 – 2 800)
	sur stock	250	(1 650 – 1 400)
	sur clients	– 100	(5 300 – 5 200)
Engagement retraite		– 190	
Valeur réelle		17 000	
Valeur d'apport : 17 000 × 70 %		11 900	
Valeur d'achat		13 500	
Vrai mali de fusion		– 1 600	

Faux mali (mali technique) de 3 350 – 1 600 = 1 750 K€

Dans le cas présent, le mali technique est inférieur aux plus-values latentes estimées de manière fiable, il est affecté au prorata des plus-values latentes. De plus, il ne sera pas tenu compte de l'impôt du fait que les biens ne sont pas destinés à être revendus rapidement.

Affectation du mali de fusion (montant de la plus-value : 1 340 + 800 + 400 + 250 = 2 790 K€) :

Sur la marque : 1 340 × 1 750 / 2 790 = 840 K€

Sur le terrain : 800 × 1 750 / 2 790 = 502 K€

Sur la construction : 400 × 1 750 / 2 790 = 251 K€

Sur les stocks : 250 × 1 750 / 2 790 = 157 K€

3. a) Déterminer le rapport d'échange des titres.

b) Préciser les modalités de l'augmentation de capital : nombre de titres créés, prime de fusion.

c) Présenter les écritures de fusion au 1er janvier N enregistrées dans la comptabilité de l'absorbante.

Détermination du rapport d'échange des titres

Valeur du titre RAPHAËL : 54 000 000/150 000 = 360

Valeur du titre LEBRUN : 28 800 000/100 000 = 288

Parité d'échange : 360/288 = 4/5 ; soit 4 actions RAPHAËL pour 5 actions LEBRUN.

Modalités de l'augmentation de capital : nombre de titres créés, prime de fusion :

Détermination du nombre d'actions à créer : la société RAPHAËL opte pour une fusion « renonciation ». Elle va donc renoncer à rémunérer sa propre quote-part (70 %) dans la société absorbée LEBRUN.

Nombre d'actions présentées à l'échange : 100 000 × 30 % = 30 000

Nombre de titres à créer : 30 000 × 4/5 = 24 000 titres à créer.

Détermination de la prime de fusion :

Valeur d'apport : 14 500 × 30 % =	4 350 000
Augmentation de capital : 24 000 × 150 € =	3 600 000
Prime de fusion	750 000

Écritures de fusion enregistrées dans la comptabilité de l'absorbante (en euros) :

4561	Société Lebrun compte d'apport	4 350 000	
101	Capital social		3 600 000
1042	Prime de fusion		750 000
	Émission de 24 000 actions nouvelles		
4561	Société Lebrun compte d'apport	10 150 000	
2081	Mali de fusion sur éléments incorporels	840 000	
2187	Mali de fusion sur éléments corporels *(502+251)*	753 000	
4781	Mali de fusion sur actif circulant	157 000	
668	Autres charges financières	1 600 000	
261	Titres de participation		13 500 000
211	Terrains	3 500 000	
213	Constructions	3 200 000	
2154	Matériel outillage	4 100 000	
3	Stocks	1 400 000	
4	Créances	5 300 000	
5	Disponibilités	2 700 000	
2813	Amort construction		400 000
28154	Amort mat outillage		1 800 000
16	Dettes financières		2 500 000
4	Dettes exploitation		800 000
4	Dettes diverses		200 000
	Libération des apports		14 500 000

Exercice 14
Affectation du mali technique

En reprenant les données de l'exercice 13, il vous est demandé d'analyser l'affectation du mali technique.

1. Rappeler dans quel(s) cas une entité doit procéder à un test de dépréciation.

2. Indiquer les conséquences du test présenté en annexe sur d'éventuelles dépréciations à constater et présenter les écritures comptables nécessaires.

Annexe - Test de dépréciation

Au 31/12/N, un test de dépréciation indique les valeurs suivantes (en K€) :

Éléments	Brut	Amortissements	Valeur d'usage	Valeur vénale
Terrains	3 500	-	2 960	3 100
Constructions	3 200	650	2 700	2 430

Aucune acquisition n'a été réalisée au cours de l'année N. La durée de vie résiduelle de la construction est de 12 ans.

Corrigé

1. Cas où une entité doit procéder à un test de dépréciation.

Selon le P.C.G., si un indice de perte de valeur existe, il convient de procéder à un test de dépréciation. Ce test consiste à comparer la valeur comptable de l'élément d'actif (VNC) à sa valeur actuelle. Cette valeur actuelle correspond soit à la valeur vénale, soit à la valeur d'usage, la plus forte de ces deux valeurs étant retenue.

La perte de valeur de la construction a été amortie pour 251 / 12 = 21 K€.

2. Conséquences du test de dépréciation

Éléments	VNC	Mali affecté	Valeur majorée	Valeur d'inventaire	Dépréciation totale	Dépréciation	
						Mali	Actif
Terrains	3 500	502	4 002	3 100	902	502	400
constructions	2 550	251-21 = 230	2 780	2 700	80	80	

Enregistrements

6816	DAP	902 000	
291873	Dépréciation mali fusion		502 000
2911	Dépréciation terrain		400 000
	Dépréciation du terrain		
6816	DAP	80 000	
29187	Dépréciation mali fusion		80 000
	Dépréciation de la construction		

Exercice 15
Scission

Dans le cadre de restructurations de sociétés :

1. Définir la notion de scission d'une société.

2. Indiquer les modalités de l'échange des titres dans le cadre d'une scission.

3. Indiquer les modalités d'échange des titres dans le cas d'une participation d'un actionnaire bénéficiaire d'une partie des apports dans le capital de la société scindée.

Corrigé

1. Définir la notion de scission d'une société.

La scission est une ***transmission universelle du patrimoine*** d'une société à deux ou plusieurs sociétés créées ou existantes. Il s'agit d'une ***dissolution sans liquidation***.

Lors de la scission, une société apporte ses différentes activités à plusieurs sociétés et disparaît.

2. Indiquer les modalités de l'échange des titres dans le cadre d'une scission.

Un actionnaire de la société scindée reçoit des titres des sociétés bénéficiaires des apports en proportion du poids relatif de chacun des apports. Le même rapport d'échange doit être appliqué à toutes les actions de la société scindée.

3. Indiquer les modalités d'échange des titres dans le cas d'une participation d'un actionnaire bénéficiaire d'une partie des apports dans le capital de la société scindée.

Dans le cas d'une participation d'une société bénéficiaire d'une partie des apports dans la société scindée, la société détenant la participation ne reçoit en échange des titres détenus que pour les actions qu'elle ne détient pas. Il s'agit alors d'une ***scission-renonciation***. Elle devra annuler les titres de la société scindée qu'elle détient.

Exercice 16
Scission

La société anonyme ToutAfrique (TA) est une filiale de la SA Trans-Monde, spécialisée dans les voyages organisés sur le continent africain. Elle détient, entre autres, 40 % du capital de la société anonyme Trans-Maghreb (TM) ; le reste du capital de cette société appartient à des actionnaires, personnes physiques ou morales (aucun de ces actionnaires ne dépasse le seuil de 10 % de détention du capital).

La décision a été prise de dissoudre la SA Trans-Maghreb par une opération de scission. L'activité de Tour-Operator est reprise par la SA ToutAfrique alors que l'activité de réservation de résidences est transférée à une structure externe indépendante, la SAS Resalux (R) créée à cette occasion et dont une partie du capital sera souscrite par les salariés de la SA Trans-Maghreb qui avaient contribué au projet de développement du logiciel de réservation. Le traité de fusion mentionne que le but de l'opération pour la société ToutAfrique est une cession hors groupe des titres détenus.

1. Déterminer :

a) les valeurs d'échange des deux branches et leur poids relatif dans la valeur totale ;

b) les rapports d'échange à retenir en distinguant les actionnaires ordinaires de l'actionnaire ToutAfrique (TA).

2. Comment sont évalués les apports ?

3. Indiquer les modalités de la scission pour l'activité « Tour-Opérator » (nombre d'actions émises, augmentation et création de capital, prime de scission, valorisation des actions Resalux au bilan de la SA ToutAfrique).

Annexe

Le capital de la SA Trans-Maghreb est composé de 20 000 actions de 10 € de valeur nominale.

Apport à la SA ToutAfrique :

- La valeur globale d'échange est de 540 000 € compte tenu des plus-values sur les éléments d'actif et de l'existence d'un *goodwill*.
- La valeur d'échange de l'action ToutAfrique est estimée à 135 € pour une valeur nominale de 50 €.
- La valeur comptable est de 376 767 €.
- Les actions Trans-Maghreb ont été acquises au prix de 22 € par la SA ToutAfrique. La part de capital détenue par la SA ToutAfrique dans la SA Trans-Maghreb, donne lieu à une scission-renonciation.

Apport à la SAS Resalux :

- La valeur globale d'échange est de 120 000 €.
- Les titres revenant à la société ToutAfrique seront cédés hors groupe dans un délai d'un an, de préférence aux salariés de la SAS Resalux.

Constitution de la SAS Resalux :

- La SAS Resalux est créée au capital de 200 000 € divisé en actions de valeur nominale 10 €. Aucune prime de scission n'est prévue ;
- 12 000 actions sont remis aux actionnaires de la SA Trans-Maghreb en échange de l'apport de la branche d'activité ;
- 8 000 actions, libérées de moitié à la constitution, sont souscrites par les salariés qui poursuivent leurs contrats dans la nouvelle société.

Corrigé

1. Déterminer :

a) les valeurs d'échange des deux branches et leur poids relatif dans la valeur totale :

Montant total de l'apport : 540 000 + 120 000 = 660 000 €

Le poids de la branche Tour-Opérator de 81,82 % ($\frac{540\ 000}{660\ 000}$) et celui de la branche activité-réservation de 18,18 % ($\frac{120\ 000}{660\ 000}$).

b) les rapports d'échange à retenir en distinguant les actionnaires ordinaires de l'actionnaire ToutAfrique :

Pour l'activité Tour-Opérator, le montant de l'apport Trans-Maghreb 540 000 € pour un nombre d'actions de 20 000 actions soit une valeur d'apport de 27 €.

Parité : $\frac{\text{Toutafrique}}{\text{Trans} - \text{Maghreb}} = \frac{135}{27} = 5$ soit 5 actions Trans-Maghreb pour 1 action ToutAfrique.

Pour l'activité réservation, le montant de l'apport est de 120 000 € soit une valeur mathématique de 6 €.

Parité : $\frac{\text{Resalux}}{\text{Trans} - \text{Maghreb}} = \frac{10}{6} = \frac{5}{3}$ soit 5 actions Trans-Maghreb pour 3 actions Resalux.

Pour les actionnaires ordinaires : 5 actions Trans-Maghreb donnent droit à 1 action ToutAfrique et 3 actions Resalux.

Pour l'actionnaire ToutAfrique : 5 actions Trans-Maghreb donnent droit à 3 actions Resalux.

2. Comment sont évalués les apports ?

La SA ToutAfrique détient 40 % de la société Trans-Maghreb sans qu'aucun des autres actionnaires ne détiennent plus. La société ToutAfrique est présumée avoir le contrôle exclusif de Trans-Maghreb. Il s'agit d'un contrôle commun, elle garde le contrôle de la branche Tour-Opérator et donc la scission se fera à ***la valeur comptable***.

La SA ToutAfrique ne gardera pas le contrôle de la branche réservation. De plus, les opérations de filialisation suivies d'une cession à une société sous contrôle distinct doivent être évaluées à ***la valeur réelle***.

3. Indiquer les modalités de la scission pour l'activité « Tour-Opérator » (nombre d'actions émises, augmentation et création de capital, prime de scission, valorisation des actions RESALUX au bilan de la SA ToutAfrique).

La parité est de 5 Trans-Maghreb pour 1 action ToutAfrique.
Le nombre d'actions apporté est de 20 000.
Nombre d'actions TM appartenant à ToutAfrique : 20 000 × 40 % = 8 000
Nombre d'actions à rémunérer : 20 000 – 8 000 = 12 000
Nombre d'actions ToutAfrique à créer : 12 000 / 5 = **2 400 actions**

Pour Resalux : montant de l'apport 120 000 € pour une valeur nominale de 10 € sans prime de scission soit 12 000 actions Resalux données aux actionnaires de Trans-Maghreb.

Augmentation de capital de ToutAfrique : 2 400 × 50 = **120 000 €**
Création de capital Resalux : (12 000 + 8 000 salariés) × 10 = **200 000 €**

Prime pour ToutAfrique : 376 767 × 60 % - 120 000 = 106 060 €

Boni de scission : les titres ont été achetés 22 € pour les deux activités. Cela représente $22 \times \frac{540\,000}{660\,000} = 18$ € pour l'activité Tour-Opérator.

Soit un boni = 40 % × 376 767 – 18 × 8 000 = 6 707 €. Ce boni constitue un élément de la prime de scission (aucune information pour analyser le boni).
Prime de scission = 106 060 + 6 707 = **112 767 €**

Pas de prime pour Resalux car apport à la valeur nominale.

ToutAfrique détient 40 % de Trans-Maghreb, elle va donc recevoir : 12 000 × 40 % = 4 800 actions Resalux en échange de ses actions, soit 4 800 × 10 = 48 000 €.

Exercice 17
Apport partiel d'actif

La SA X, au capital de 1 500 000 € (3 000 actions de 500 €) diversifie son activité par une croissance externe.

La société Metal propose à l'entreprise × de lui apporter son activité métaux sous forme d'un apport partiel d'actif.

Informations comptables de la branche métaux de la société Metal :

	Valeur nette au bilan au 31/12/N
Fonds commercial	Néant
Immobilisations corporelles	257 000
Stock de métaux	172 000
Créances (1)	59 160
Dettes fournisseurs	40 990
TVA à décaisser	10 420

(1) Valeur brute du poste 71 160 €. Une créance de 14 400 € peut être considérée comme irrécouvrable, le client étant en liquidation judiciaire. Elle est dépréciée à 100 %.

La valeur d'apport sera établie en se fondant sur les valeurs nettes au bilan au 31/12/N de tous les postes, hormis les éléments incorporels du fonds de commerce qui sont évalués à 350 000 €.

1. Définir « apport partiel d'actif ».

2. Calculer la valeur d'apport de la société Metal dans les conditions indiquées.

3. L'apport sera rémunéré par des actions × émises 750 € l'une. Déterminer le nombre d'action × à émettre.

4. Présenter les écritures dans le journal de la société X.

Corrigé

1. « Apport partiel d'actif »

C'est l'opération par laquelle une société apporte à une autre société une partie de ses éléments d'actif et reçoit, en échange, des titres émis par la société bénéficiaire des apports.

2. Calculer la valeur d'apport de la société Metal dans les conditions indiquées.

Éléments incorporels	350 000
Immobilisations corporelles	257 000
Stock	172 000
Créances : 71 160 – 14 400 + 14 400 × 0,2/1,2	59 160
Dettes fournisseurs	– 40 990
TVA	– 10 420
Valeur de l'apport	786 750

Les sociétés étant sous contrôle distinct, l'apport se fait à la valeur réelle.

3. L'apport sera rémunéré par des actions × émises 750 € l'une. Déterminer le nombre d'action × à émettre.

Il faut créer : 786 750 / 750 = 1 049 actions nouvelles.

4. Présenter les écritures dans le journal de la société X.

4561	Société Metal compte d'apport	786 750	
101	Capital social *1 049 × 500*		524 500
1043	Prime d'apport *1 049 × 250*		262 250
	Émission de 1 049 actions nouvelles		
207	Fonds commercial	350 000	
21	Immobilisations corporelles	257 000	
37	Stock	172 000	
411	Clients *71 160 – 14 400*	56 760	
416	Clients douteux	14 400	
401	Fournisseurs		40 990
44551	TVA		10 420
491	Dépréciation *14 400 / 1,2*		12 000
4561	Société Metal compte d'apport		786 750
	Libération des apports		

Exercice 18
Régime fiscal de faveur

La société Fux détient une participation dans la société MJM. Les deux sociétés se sont mises d'accord sur une procédure de fusion dont vous trouverez les détails en annexe.

1. Rappeler brièvement les principes essentiels du régime fiscal de faveur. Quelles sont les conséquences comptables chez l'absorbante ?

2. Déterminer les éventuels impôts différés pour la société Fux. Que proposez-vous en ce qui concerne la provision pour hausse des prix ?

Annexe

La société MJM va être absorbée par la société Fux. Les plus-values sont les suivantes :

– Fonds de commerce	686 450
– Terrain	221 550
– Matériels	– 550
– Créances	– 107 450

Le bilan présente des provisions réglementées (Provision pour hausse des prix) pour un montant de 99 450 €.

Corrigé

1. Rappeler brièvement les principes essentiels du régime fiscal de faveur.

Par rapport au régime de droit commun, le régime fiscal de faveur entraîne pour la société absorbée deux différences essentielles :

- les plus-values nettes relatives à l'ensemble de l'actif apporté ne sont pas imposables (ou immédiatement imposables si non nécessaire à l'exploitation) ;
- la reprise des provisions qui conservent leur objet n'est pas imposable.

Seuls deviennent imposables les bénéfices d'exploitation de l'exercice en cours (sauf rétroactivité) et les provisions devenues sans objet. Les déficits fiscaux générés par l'absorbée avant la fusion sont perdus.

En conséquence, chez l'absorbante :

- les plus-values sur immobilisations non amortissables ne sont pas imposables ;
- l'imposition des plus-values sur éléments amortissables est étalée sur 5 ou 15 ans (construction).

Quelles sont les conséquences comptables chez l'absorbante ?

La société absorbante doit reprendre à son passif les éléments suivants :

– les provisions pour risques et charges : elles font partie du passif transmis ;
– les provisions réglementées : elles sont créées par imputation sur la prime de fusion.

2. Déterminer les éventuels impôts différés pour la société Fux. Que proposez-vous en ce qui concerne la provision pour hausse des prix ?

Les plus-values sur biens non amortissables (fonds de commerce, terrain) apportés par MJM ne sont pas imposables.

Pour les autres apports, il y a des moins-values (matériels et créances) pour 108 000 € (550 + 107 450) qui risquent d'être perdues. La société a donc intérêt à opter pour l'imposition immédiate de la provision pour hausse des prix, soit 99 450 €, qui pourra se compenser avec les moins-values.

PARTIE 2

NORMES

Exercice 19
Cadre conceptuel

1. Définir un cadre conceptuel.

2. Analyser et synthétiser le contenu du cadre conceptuel de l'IASB.

Corrigé

1. Définir un cadre conceptuel.

Un cadre conceptuel est un ensemble de principes généraux formulés par des normalisateurs en vue de fournir une base commune permettant l'élaboration de règles cohérentes. Le cadre conceptuel précise les objectifs des états financiers, en définit les éléments essentiels ainsi que les principes qui doivent permettre leur établissement. Il permet de comprendre les normes émises par les normalisateurs.

Selon l'ANC, « le cadre conceptuel est un document d'orientation qui s'attache aux concepts de la normalisation et qui n'introduit pas de prescriptions, lesquelles relèvent des normes elles-mêmes ».

2. Analyser et synthétiser le contenu du cadre conceptuel de l'IASB.

Le cadre conceptuel traite, au travers de huit chapitres découpés en paragraphes, des questions suivantes :

– l'objectif de l'information financière (chapitre 1) :

Cet objectif est de « fournir, au sujet de l'entité qui la présente (entité comptable), des informations utiles aux investisseurs, prêteurs et aux autres créanciers actuels et potentiels aux fins de leur prise de décisions sur la fourniture de ressources à l'entité » (§ 1.2.).

Les états financiers fournissent des informations qui aident les parties prenantes à estimer la valeur de l'entité.

Les rapports financiers sont fondés sur des estimations, jugements et modèles plutôt que sur des descriptions exactes. Le cadre conceptuel établit des concepts pour aider à l'établissement de ces rapports et au renforcement de leur qualité. Les rapports financiers ne peuvent contenir toute l'information dont les différents utilisateurs ont besoin. Ils doivent avoir recours à d'autres sources.

- **les caractéristiques qualitatives de l'information financière utile et l'entité qui est chargée de les présenter (chapitres 2 et 3) :**

Chapitre 2 – Caractéristiques qualitatives de l'information financière utile : « Pour être utile, l'information financière doit être pertinente et donner une image fidèle de ce qu'elle prétend représenter. L'utilité de l'information financière est accrue lorsque celle-ci est comparable, vérifiable, diffusée rapidement et compréhensible. » (§ 2.4).

Les caractéristiques sont la ***pertinence*** (en prenant en compte l'importance relative), la ***fidélité*** (une information complète, sans parti pris et exempte d'erreurs) ainsi que la ***comparabilité*** (cohérence et permanence des méthodes), la ***vérifiabilité***, la ***rapidité*** et la ***compréhensibilité***.

Pour obtenir ces différentes informations, l'entité supporte des coûts qui doivent être en rapport avec les informations données.

Chapitre 3 – États financiers et entité comptable : l'entité comptable est celle qui présente les états financiers. Les états financiers sont établis dans la perspective de continuité d'exploitation.

- **la définition, la comptabilisation et l'évaluation des éléments à partir desquels les états financiers sont construits (chapitres 4 à 7) :**

Chapitre 4 – Eléments des états financiers : il définit les actifs, passifs, capitaux propres, charges et produits.

Chapitre 5 – Comptabilisation et décomptabilisation : l'information doit être pertinente.

Chapitre 6 – Evaluation des éléments : permet de savoir quel mode choisir (coût historique, valeur actuelle).

Chapitre 7 – Présentation et information : les différents états financiers doivent être des outils de communication.

- **les concepts de capital et de maintien du capital (chapitre 8) :**

Le concept de capital peut être financier (capitaux propres) mais aussi physique (capacité productive de l'entité).

Le maintien du capital met en relation la notion de capital avec celle de résultat.

Exercice 20
Communication financière

La société MALAGA (cotée sur EURONEXT Paris, compartiment C), qui exerce principalement l'activité « hôtellerie-restauration », est un client important de l'activité expertise comptable du cabinet JEAN. La société MALAGA est dirigée par Madame Perex, présidente du directoire.

Madame Perex qui souhaitait s'informer sur la société GAZI (cotée sur EURONEXT Paris, compartiment C) a consulté le document de référence (DDR) de la société GAZI qui exerce une activité industrielle particulièrement polluante. Madame Perex a constaté que le DDR de la société GAZI comportait une rubrique responsabilité sociale, sociétale et environnementale (RSE). Suite à ce constat, Madame Perex, dont la société MALAGA n'exerce pas une activité industrielle particulièrement polluante, interroge le cabinet JEAN sur un certain nombre de points. Son chiffre d'affaires net est de 50 millions d'euros.

1. Madame Perex se pose plusieurs questions :

a) La société MALAGA a-t-elle l'obligation de présenter des informations de responsabilité sociale, sociétale et environnementale ?

b) Quels sont les textes juridiques encadrant les informations de responsabilité sociale, sociétale et environnementale ?

c) L'information au titre du développement durable est-elle intégrée aux informations RSE ?

2. En dehors de l'information à faire apparaître sur le document de référence (DDR), la règlementation prévoit l'obligation pour la société MALAGA de donner de l'information au titre de la RSE. Au sein de quel document ? Qui établit ce document ? Quel est le destinataire de ce document ? Qui contrôle ce document ?

3. Ces informations environnementales extra financières doivent faire l'objet d'une vérification. Par qui ? Quels sont les objectifs ou finalité du rapport issu de cette vérification ?

4. Le commissaire aux comptes de la société MALAGA peut-il avoir la charge de cette mission ?

Corrigé

1. Madame PEREX se pose plusieurs questions :

a) La société MALAGA a-t-elle l'obligation de présenter des informations de responsabilité sociale, sociétale et environnementale ?

L'analyse des résultats et de la situation financière de la société comporte des indicateurs de performance de nature non financière ayant trait à l'activité de l'entreprise (environnement, personnel). En effet, depuis 2001, les sociétés françaises cotées sur un marché réglementé ont l'obligation de publier des données « sur la manière dont elles prennent en compte les conséquences sociales et environnementales de leur activité ». L'ordonnance 2017-1180 indique que ne sont concernées que les entités ayant un chiffre d'affaires net supérieur à 40 millions d'euros ou dont le total du bilan dépasse 20 millions d'euros.

b) Quels sont les textes juridiques encadrant les informations de responsabilité sociale, sociétale et environnementale ?

La société MALAGA est cotée sur le marché réglementé EURONEXT. De plus, son chiffre d'affaires net est supérieur à 40 millions d'euros, elle doit établir et publier une déclaration de performance extra-financière.

L'activité « hôtellerie-restauration » exercée par une société cotée n'est donc pas exclue de ces obligations.

c) L'information au titre du développement durable est-elle intégrée aux informations RSE ?

La déclaration de performance extra comptable porte sur 4 catégories d'informations :

- les conséquences sociales (sociales / sociétales) ;
- les conséquences environnementales ;
- le respect des droits de l'Homme (entités cotées et assimilées) ;
- la lutte contre la corruption.

Pour chacune, il convient d'exposer les politiques, les diligences mises en œuvre, les résultats et des indicateurs de performance.

Le développement durable fait partie de ces informations.

2. En dehors de l'information à faire apparaître sur le document de référence (DDR), la règlementation prévoit l'obligation pour la société MALAGA de donner de l'information au titre de la RSE.

En effet, les différents textes prévoient que ces informations soient publiées dans le rapport de gestion (rapport du conseil d'administration ou du directoire pour les SA). Les sociétés présentent une information en matière de RSE dans leur document de référence au sein de leur rapport de gestion.

Ce rapport est établi par les dirigeants ou les organes chargés de la direction. Il est présenté à l'assemblée générale des actionnaires.

La déclaration de performance extra-financière doit être rendue publique sur le site internet de l'entité dans un délai de 8 mois à compter de la clôture de l'exercice et rester disponible pendant 5 ans sur le site.

3. Ces informations environnementales extra financières doivent faire l'objet d'une vérification.

Les informations extra-financières dont la diffusion est obligatoire doivent être vérifiées par un « ***organisme tiers indépendant*** » (OIT) selon des modalités qui ont été précisées par l'ordonnance de 2017.

En pratique, l'organisme tiers indépendant doit produire un rapport dont les objectifs sont de s'assurer de :

- la ***conformité*** de la déclaration de performance extra-financière ;
- la ***sincérité*** des informations : un avis motivé sur la sincérité des informations figurant dans le rapport de la société et sur les explications relatives à l'absence éventuelle de certaines informations.

L'avis de vérification doit être transmis à l'assemblée générale des actionnaires avec le rapport de gestion.

4. Le commissaire aux comptes de la société MALAGA peut-il avoir la charge de cette mission ?

Il appartient au commissaire aux comptes de s'assurer de l'existence d'une déclaration de performance extra financière au sein du rapport de gestion. Dans le cas présent, le commissaire aux comptes de la société MALAGA pourra être chargé de cette mission, mais pas dans le cadre de son mandat de commissaire aux comptes.

Exercice 21
Communication financière

Le Président de la société VICI vous fait part d'un évènement important concernant la répartition de son capital. Il souhaite, à cette occasion, faire le point sur certaines notions de communication financière.

1. Définir les notions suivantes :

a) Information périodique

b) Information permanente

c) Prospectus

2. À partir de l'annexe, quelles sont les informations à communiquer (nature et modalités) lors du franchissement de seuil ? Vous préciserez l'information communiquée par :

a) la société Capital Research and Management Company ;

b) la société VICI.

Annexe : Déclaration de franchissement de seuil concernant la société VICI

Par courrier reçu par la société VICI le 20 avril de l'année N, la société Capital Research and Management Company (CRMC) (88 Hope Street, Los Angeles, CA 81002-1508, États-Unis d'Amérique) a déclaré avoir franchi en hausse, le 18 avril de l'année N, le seuil de 5 % du capital de la société VICI et détenir 627 850 actions VICI représentant autant de droits de vote, soit 5,01 % du capital de cette société.

Ce franchissement de seuil résulte d'une acquisition d'actions VICI sur le marché.

Corrigé

1. Définir les notions suivantes :

a) L'information périodique permet de faire régulièrement le point sur l'activité et les résultats. L'information périodique est celle donnée par les sociétés dont les titres sont admis aux négociations sur un marché réglementé à échéances régulières, sur une base annuelle, semestrielle et trimestrielle. Elle comprend notamment l'obligation de publier un rapport financier annuel, un rapport financier semestriel et une information financière trimestrielle dans des conditions déterminées par le règlement général de l'AMF (directive transparence) ainsi que le dépôt du rapport de gestion annuel de l'émetteur prévu par le Code de commerce et ses annexes au Greffe du Tribunal de commerce.

b) L'information permanente est destinée à garantir la transparence des marchés, c'est-à-dire son efficience. La société cotée doit informer le marché de tous faits nouveaux importants la concernant lorsqu'ils sont de nature à provoquer une variation significative des cours de bourse ou à porter atteinte à la situation des actionnaires. Relève également de l'information permanente les déclarations de franchissement des seuils. Il est de la responsabilité de l'émetteur de déterminer s'il est tenu ou non de communiquer une information au public en application des principes contenus dans le règlement de l'AMF. Contrairement à l'information périodique, l'information permanente nécessite une communication régulière et active. Le principe d'égalité des différents destinataires doit être respecté. L'information doit être délivrée à tous en même temps (analyste, investisseur, public).

c) Le prospectus est un document occasionnel. En cas d'offre au public ou d'admission aux négociations sur un marché réglementé, les émetteurs sont tenus d'informer le marché par la publication d'un prospectus.

2. À partir de l'annexe, quelles sont les informations à communiquer (nature et modalités) lors du franchissement de seuil en précisant l'information communiquée par :

a) la société Capital Research and Management Company :

L'annexe fait état d'un courrier reçu par la société VICI par l'actionnaire CRMC. Il s'agit d'une déclaration de franchissement de seuil. Cette déclaration à la charge de l'actionnaire CRMC est obligatoire. Les destinataires sont VICI et l'AMF.

La déclaration indique le seuil franchi, le nombre total d'actions et de droits de vote détenus ainsi que le nom de l'actionnaire ayant franchi le seuil.

b) la société VICI :

Ce franchissement de seuil est considéré par le dirigeant de VICI comme modifiant significativement la composition du capital de VICI et doit donc faire au titre de l'information permanente l'objet d'une communication au marché (par la voie d'un communiqué de presse).

Exercice 22
Information financière

Le Président de la société PAUL INDUSTRIES vous fait part de l'information qu'il compte mettre à la disposition des actionnaires à l'assemblée générale appelée à statuer sur les comptes N. Cette information vous est fournie en annexe. D'autre part, il aimerait être informé sur ce qu'on appelle le « document de référence » tel qu'il est présenté dans les rapports annuels de certaines sociétés.

1. **Indiquer quels sont les documents et éléments d'information (en dehors de ceux fournis dans l'annexe) que le président doit faire figurer dans l'information à mettre à disposition des actionnaires.**
2. **Définir ce qu'on appelle le « document de référence » et préciser quelles sont les rubriques essentielles que doit comporter ce document.**

Annexe

Informations appelées à être mises à disposition des actionnaires à l'occasion de la future assemblée générale ordinaire par le président de la société PAUL INDUSTRIES

- Nom, prénom usuel des administrateurs.
- Texte des projets de résolution présentés par le Conseil d'administration.
- Texte et exposé des motifs des projets de résolution présentés par des actionnaires.
- Rapport du Conseil d'administration comprenant les points suivants :

– analyse de l'évolution des affaires, des résultats et de la situation financière de la société ;
– indicateurs clés de performance de nature non financière ;
– description des principaux risques et incertitudes auxquels la société est confrontée ;
– renvois aux montants indiqués dans les comptes annuels et explications supplémentaires y afférentes ;
– indications sur l'utilisation des instruments financiers ;
– exposition et explication des éléments susceptibles d'avoir une incidence en cas d'offre publique.

- Comptes annuels.
- Rapport sur la gestion du groupe.
- Tableau des affectations de résultat.
- Inventaire des valeurs mobilières détenues en portefeuille.

Corrigé

1. Points que le président doit faire figurer dans l'information à mettre à disposition des actionnaires :

L'information à mettre à disposition des actionnaires est régie essentiellement par les articles L. 225-108 et R. 225-83 du Code de commerce. Il s'agit d'information financière légale. La société est une société tête de groupe, cotée sur un marché réglementé et a à ce titre des obligations particulières.

Elle doit également mettre à disposition :

- les comptes consolidés, puisque la société est tête de groupe ;
- les deux rapports des commissaires aux comptes (comptes annuels et consolidés).

Par ailleurs, le rapport du conseil d'administration sur la gestion présenté aux actionnaires est incomplet, il doit également comprendre :

- l'évolution prévisible de l'activité ;
- les événements importants survenus entre la date de clôture de l'exercice et celle à laquelle le rapport est établi ;
- les activités en matière de recherche et développement ;
- les prises de contrôle ou de participation ;
- les activités des filiales ou des sociétés contrôlées ;
- les dépenses somptuaires non déductibles et le montant de l'IS correspondant ;
- un certain nombre d'informations à caractère social (article L. 225-102 du Code du commerce) : état de la participation des salariés, proportion des actions détenues par le personnel ;
- des informations sur les mandataires sociaux (article L. 225-102-1 du Code de commerce) : éléments de rémunération, engagements ;
- des informations relatives à la protection de l'environnement (article L. 225-102-2 du Code de commerce) : politique de prévention du risque d'accident technologique, capacité de la société à couvrir sa responsabilité civile, moyens prévus pour assurer la gestion de l'indemnisation.

D'autre part, conformément à l'article L. 225-37 du Code de commerce (révisé par l'ordonnance de juillet 2017), comme la société fait appel public à l'épargne, le conseil d'administration présente à l'assemblée générale un rapport sur le gouvernement d'entreprise joint au rapport de gestion. Toutefois, les informations correspondantes peuvent être présentées dans le rapport de gestion dans une section spécifique. L'obligation de communiquer sur le contrôle interne et la gestion des risques est intégrée au rapport de gestion. Ce rapport doit être accompagné d'un rapport établi par les commissaires aux comptes sur les procédures de contrôle interne qui sont relatives à l'élaboration et au traitement de l'information comptable et financière.

2. Définition et rubriques essentielles du document de référence

Le document de référence est un document établi par une société qui contient l'ensemble des informations juridiques, économiques et comptables concourant à une présentation exhaustive d'une société pour un exercice donné. La structure du document de référence doit, conformément aux recommandations de l'Autorité des marchés financiers, être fondée sur les schémas d'information de la réglementation européenne (règlement européen 809/2004 mettant en œuvre la directive 2003/71 dite directive « prospectus »).

Le document de référence doit comprendre notamment les rubriques suivantes :

- personnes responsables ;
- contrôleurs légaux des comptes ;
- informations financières ;
- facteurs de risques ;
- informations concernant l'émetteur ;
- aperçu des activités (principales activités, principaux marchés) ;
- organigramme ;
- propriétés immobilières, usines et équipements ;
- examen de la situation financière et du résultat ;
- trésorerie et capitaux ;
- recherche et développement, brevets et licences ;
- information sur les tendances ;
- prévisions ou estimations du bénéfice ;
- organes d'administration, de direction et de surveillance, de direction générale ;
- rémunération et avantages versés aux dirigeants ;
- fonctionnement des organes d'administration et de direction ;
- salariés ;
- principaux actionnaires ;
- opérations avec des apparentés ;
- informations financières concernant le patrimoine, la situation financière et les résultats de l'émetteur ;
- informations complémentaires : capital social, acte constitutif et statuts ;
- contrats importants ;
- informations provenant de tiers, déclarations d'experts et déclarations d'intérêts ;
- documents accessibles au public ;
- informations sur les participations.

Exercice 23
Immobilisation corporelle – Production à soi-même

La société Zeta a fabriqué un hangar pour elle-même.
Date de début de fabrication : 01/03/N
Date de mise en service : 30/11/N
Coût de production : 1 500 000 €
Financement partiel par un emprunt contracté le 15/02/N de 1 000 000 €, remboursable in fine le 15/02/N+2, au taux de 2 %. Le placement des fonds a généré un produit de 700 €.
Évaluation ultérieure : le coût amorti
Durée d'utilisation : 10 ans
Engagement de démantèlement estimé à 100 000 €
Révision des éléments électriques et gaziers tous les 2 ans pour un montant estimé de 15 000 €
Le taux d'actualisation appliqué est de 5 % - abstraction de la TVA.

Il vous est demandé de présenter les écritures nécessaires en norme IFRS.

Corrigé

Il s'agit d'une immobilisation corporelle produite par l'entité faisant l'objet d'un démantèlement et sur lequel aura lieu un programme de révision tous les deux ans.

Coût des emprunts : 1 000 000 × 0,02 × 9/12 – 700 = 14 300 €

Coût de démantèlement : 100 000 × $1{,}05^{-10}$ = 61 392 €

	Débit	Crédit
30/11/N		
Hangar structure *(1 500 000 + 14 300 – 15 000)*	1 499 300,00	
Hangar révision	15 000,00	
Production immobilisée		1 500 000,00
Transfert de charges		14 300,00
30/11/N		
Hangar démantèlement	61 392,00	
Provision pour remise en état		61 392,00
31/12/N		
Dotations aux amortissements	13 630,77	
Amortissement hangar structure *1 499 300 /10 × 1/12*		12 494,17
Amortissement hangar révision *15 000 /2 × 1/12*		625,00
Amortissement hangar démantèlement *61 392 / 10 × 1/12*		511,60
31/12/N		
Charges d'intérêts *61 392 × 5 % × 1/12*	255,80	
Provision pour remise en état		255,80

Exercice 24
Immobilisation corporelle – Modèle de réévaluation

Achat le 1er janvier N-1 de bureaux pour une valeur de 150 000 €. Les honoraires du notaire sont de 3 000 €, les droits d'enregistrement de 7 000 €, la durée d'utilité est de 30 ans (linéaire). Le groupe préconise le modèle de réévaluation. La juste valeur estimée fin N est de 165 000 €.

La valeur estimée fin N+1 est de 150 000 €.

Il vous est demandé de présenter les écritures nécessaires en norme IFRS.
Les écritures de N seraient-elles les mêmes si les locaux achetés avaient été mis en location ?

Corrigé

Il s'agit d'une immobilisation corporelle acquise par l'entreprise et évaluée selon le modèle de la réévaluation. Ce modèle indique que l'augmentation de la valeur de cet actif doit être imputée en autres éléments du résultat global. Cette méthode a une incidence sur le calcul des amortissements.

Coût des locaux : 150 000 + 3 000 + 7 000 = 160 000 €

Montant des amortissements au 31/12/N : 160 000 / 30 × 2 = 10 667 €

Valeur nette comptable des locaux au 31/12/N : 160 000 – 10 667 = 149 333 €

Montant de la réévaluation : 165 000 – 149 333 = 15 667 €

Valeur brute ajustée après la réévaluation : 165 000 × 160 000 / 149 333 = 176 786,10 €

Cumul des amortissements ajustés après la réévaluation : 10 667 × 165 000 / 149 333 = 11 786,11 €

	Débit	Crédit
31/12/N		
Dotations aux amortissements	5 333,33	
Amortissements locaux *(160 000 / 30)*		5 333,33
Constatation de la provision		
31/12/N		
Locaux *(176 786,10 – 160 000)*	16 786,10	
Amortissements *(11 786,10 – 10 667)*		1 119,10
Écart de réévaluation		15 667,00
Réévaluation N		

Montant des amortissements au 31/12/N+1 : 176 786,10 / 28 = 6 313,79 €

Valeur nette comptable des locaux au 31/12/N+1 : 176 786,10 – 11 786,11 – 6 313,79 = 158 686,20 €

Montant de la perte de valeur : 158 686,20 – 150 000 = 8 686,20 € imputé sur l'écart de réévaluation.

31/12/N+1			
Dotations aux amortissements Amortissements locaux *Amortissement N+1*		6 313,79	6 313,79
31/12/N+1			
Écart de réévaluation Locaux *Réévaluation N+1*		8 686,20	8 686,20

Si les locaux étaient loués, il s'agirait d'un immeuble de placement si les flux de trésorerie provenant des loyers étaient indépendants des autres actifs utilisés pour l'activité de l'entreprise.

Lors de l'acquisition, le coût de l'immeuble est le même soit 160 000 €.

À la clôture, il est possible de choisir entre deux solutions :

- le modèle de coût ;
- le modèle de la juste valeur : aucun amortissement n'est constaté.

Il n'y a qu'une seule écriture au 31/12/N :

31/12/N		
Constructions *(165 000 – 160 000)* Gain sur variation de la valeur des immeubles de placement *Ajustement de la valeur immeuble de placement*	5 000	5 000

Exercice 25
Immobilisation corporelle – Subvention d'équipement

Achat d'une machine le 01/03/N pour une valeur de 200 000 €, 100 000 € sont payables au comptant, 75 000 € dans un an et le solde dans 2 ans.

La durée d'utilisation est de 10 ans (linéaire), l'évaluation se fait au coût amorti. L'entreprise a bénéficié d'une subvention d'équipement de 15 % du prix d'achat. Il est prévu de la comptabiliser en produit constaté d'avance.

Fin N, les performances de la machine sont moins bonnes que celles prévues, il serait possible que la machine soit remplacée avant la date prévue. La juste valeur fin N est de 100 000 € avec des coûts de sortie de 2 % de la valeur, la valeur d'utilité de 95 000 €.

Le taux d'actualisation appliqué est de 5 % - abstraction de la TVA.

Il vous est demandé de présenter les écritures nécessaires en norme IFRS.

Corrigé

Il s'agit d'une immobilisation corporelle acquise grâce à une subvention et à des conditions de règlements avantageuses.

Valeur actualisée de l'immobilisation : $100\,000 + 75\,000 \times 1{,}05^{-1} + 25\,000 \times 1{,}05^{-2} = 194\,104{,}31$ €

La subvention peut être inscrite en produit constaté d'avance ou en réduction de la valeur de l'actif financé.

Amortissements machines : 194 104,31 / 10 × 10/12 = 16 175,36 €

Valeur comptable fin N = 194 104,31 – 16 175,36 = 177 928,95 €

Juste valeur : 100 000 × 98 % = 98 000 €

Valeur d'utilité : 95 000 €

Perte de valeur : 177 928,95 – 98 000 = 79 928,95 €

01/03/N		
Machines	194 104,31	
Fournisseur immobilisation		94 104,31
Banque		100 000,00
Achat de la machine		
01/03/N		
Banque	30 000,00	
Produits constatés avance – subvention		30 000,00
Versement subvention		
31/12/N		
Dotations aux amortissements	16 175,36	
Amortissements machines		16 175,36
Amortissement N		
31/12/N		
Produits constatés avance *30 000 / 10 × 10/12*	2 500,00	
QP subvention virée au résultat		2 500,00
Reprise de la subvention		
31/12/N		
Charges d'intérêts *194 104,31 × 5 % × 10/12*	8 087,68	
Fournisseurs immobilisations intérêts courus		8 087,68
Ajustement de la dette		
31/12/N		
Dotation aux dépréciations	79 928,95	79 928,95
Dépréciation machines		
Perte de valeur N		

Exercice 26
Immobilisations incorporelles – Fonds commercial

Un fonds commercial figure dans les comptes de la société suite à un rachat d'une valeur de 100 000 € nette à la fin de N. La valeur recouvrable est estimée à 90 000 €. Fin N+1, la valeur envisagée est de 92 000 €.

Il vous est demandé de présenter les écritures nécessaires en norme IFRS.

Corrigé

Le fonds commercial fait partie du *goodwill*, il n'existe pas durée d'utilité, il fait l'objet d'un test de dépréciation chaque année.

Fin N : dépréciation de 100 000 – 90 000 = 10 000 €

Fin N+1 : valeur N+1 est supérieure à la valeur de N après dépréciation (92 000 par rapport à 90 000 €) ; normalement, il faudrait faire une reprise de la dépréciation mais, pour le *goodwill*, cela est interdit. Il n'y a aucune écriture à comptabiliser.

31/12/N	Débit	Crédit
Dotations aux amortissements	10 000	
Dépréciation *goodwill*		10 000
Perte de valeur N		

Exercice 27
Contrat de location

Une entreprise signe un contrat de crédit-bail le 01/01/N :

- valeur à neuf : 40 000 € ;
- 7 redevances annuelles de 6 146 € payables d'avance ;
- valeur du bien en fin de contrat : 1 € ;
- durée d'utilisation du matériel : celle du contrat (linéaire).

Elle signe aussi un contrat de location du 01/07/N au 30/08/N pour un camion.
Coût de la location pour les deux mois : 800 €.

Il vous est demandé de présenter les écritures nécessaires en norme IFRS.

Corrigé

La norme IFRS 16 prévoit des exemptions à la règle, c'est le cas des contrats de location à court terme. C'est pourquoi, pour la location du camion, il s'agit d'une location simple.

Pour évaluer le passif locatif, il convient de calculer le taux d'intérêt implicite du contrat :

$$40\,000 = 6\,146 \times \frac{1 - (1 + i)^{-7}}{i} \times (1 + i) \qquad \text{soit } i = 2{,}5\ \%$$

	Débit	Crédit
01/01/N		
Droit d'utilisation du matériel	40 000	
Emprunt CB		33 854
Trésorerie		6 146
Crédit-bail		

Échéance	Capital restant dû	Intérêt	Annuité	Amortissement du capital
01/01/N	40 000		6 146	6 146
01/01/N+1	33 854	846	6 146	5 300
01/01/N+2	28 554	714	6 146	5 432

	Débit	Crédit
31/12/N		
Dotations aux amortissements *40 000 / 7*	5 714,28	
Amortissement droits CB		5 714,28
31/12/N		
Charges intérêts	846,00	
Intérêts courus		846,00
01/01/N+1		
Intérêts courus	846,00	
Charges intérêts		846,00
01/01/N+1		
Emprunt CB	5 300,00	
Charges intérêts	846,00	
Banque		6 146,00

Exercice 28
Les provisions

La société est en litige avec un de ses clients. Le client a demandé des dommages et intérêts de 200 000 € pour la perte de chiffre d'affaires subie. Le procès a de bonnes chances de durée 3 ans. Selon les avocats de l'entreprise, le montant des dommages et intérêts devraient s'élever à 150 000 €.

Le taux d'actualisation appliqué est de 5 % - abstraction de la TVA.

Il vous est demandé de présenter les écritures nécessaires en norme IFRS.

Corrigé

Pour la vente de ses produits, l'entreprise a une obligation légale de garantie des vices cachés. Il y a une forte probabilité que l'entreprise doive verser des dommages et intérêts. Le montant peut être estimé de manière fiable. La société doit comptabiliser une provision.

Fin N, le montant de la provision : $150\,000 \times 1{,}05^{-2} = 136\,054$ €

Fin N+1, le montant de la provision : $150\,000 \times 1{,}05^{-1} = 142\,857$ soit une dotation de 6 803 €

	Débit	Crédit
31/12/N		
Dotations aux amortissements	136 054	
Provision		136 054
31/12/N+1		
Charges intérêts	6 803	
Provision		6 803

Exercice 29
Les provisions

Lorsqu'elle vend des pièces, la société garantit pendant 6 mois le remplacement des pièces ayant un défaut. Une étude statistique issue des données passées indique que 90 % des pièces n'auront pas de défaut, 8 % des défauts mineurs (réparation) et 2 % des défauts majeurs (remplacement). Les ventes de l'année N sont de 1 500 000 unités. Le prix de vente est de 18 €, la marge de 20 % sur le coût de production. Le coût de réparation moyen est de 8 €.

Il vous est demandé de présenter les écritures nécessaires en norme IFRS.

Corrigé

Lorsque la provision comprend une population importante, il convient d'utiliser la méthode de la valeur attendue.

Nombre de pièces sous garantie au 31/12/N : 1 500 000 / 2 = 750 000 produits (garantie de 6 mois, cela ne concerne que 50 % des ventes).

Coût de production : 18 / 1,2 = 15 €

Provision fin N : 750 000 × 8 % × 8 + 750 000 × 2 % × 15 = 705 000 €

31/12/N		
Dotations aux provisions	705 000	
Provision		705 000

Exercice 30
Les emprunts

Date de l'emprunt : 01/01/N

Montant emprunté : 3 000 000 € à 2 % sur une durée de 3 ans

Remboursement par amortissement constant au 31/12/N

Montant des frais : 20 000 €

Il vous est demandé de présenter les écritures nécessaires en norme IFRS.

Corrigé

Cet emprunt doit être classé en passif financier évalué au coût amorti.

Taux d'intérêt effectif :

$3\,000\,000 - 20\,000 = (1\,000\,000 + 60\,000) \times (1 + i)^{-1} + (1\,000\,000 + 40\,000) \times (1 + i)^{-2} + (1\,000\,000 + 20\,000) \times (1 + i)^{-3}$

I = 2,3464 %

	Débit	Crédit
01/01/N		
Banque	2 980 000	
Emprunt		2 980 000
31/12/N		
Charges intérêts *(2 980 000 × 2,3464 %)*	69 923	
Emprunt	990 077	
Banque		1 060 000
31/12/N+1		
Charges intérêts *(2 980 000 – 990 077)* × *2,3464 %*	46 692	
Emprunt	993 308	
Banque		1 040 000
31/12/N+2		
Emprunt CB	996 615	
Charges intérêts *(996 615 × 2,3464 %)*	23 385	
Banque		1 020 000

Exercice 31
Achat d'obligation

En janvier N, l'entreprise achète 10 000 obligations émises en N-2, valeur nominale 100 €, taux d'intérêt 5 %, remboursement in fine, prix d'acquisition 105 €, prix de remboursement 110 € échéance le 31/12/N+1. Les frais de transaction sont de 2 000 €. La valeur de l'obligation est de 108 € au 31/12/N.

Il vous est demandé de présenter les écritures nécessaires en norme IFRS :

- **si l'entreprise décide de garder les obligations ;**
- **si l'entreprise souhaite les revendre rapidement afin de réaliser une plus-value (vente le 01/02/N+1 au prix unitaire de 109 €) ;**
- **si l'entreprise a fait ce placement de trésorerie en attendant de réaliser un investissement (vente le 01/02/N+1 au prix unitaire de 109 €).**

Corrigé

Si l'entreprise décide de garder les obligations :

Dans ce cas, il s'agit d'actifs financiers évalués au coût amorti. Il faut déterminer le taux d'intérêt effectif soit :

$$1\,070\,000 = 10\,000 \times 100 \times 0{,}05 \times \frac{1-(1+i)^{-2}}{i} + 10\,000 \times 110 \times (1+i)^{-2}$$

I = 6,0337 %

	Débit	Crédit
01/01/N		
Obligations *(10 000 × 105 + 20 000)*	1 070 000	
Banque		1 070 000
31/12/N		
Banque *(10 000 × 5 % × 100)*	50 000	
Obligations	14 560	
Produits financiers *(1 070 000 × 6,0337 %)*		64 560
Intérêts		
31/12/N		
Dotation aux provisions	4 560	
Dépréciation des obligations		4 560
10 000 × 108 = 1 080 000 – (1 070 000 + 14 560)		
31/12/N+1		
Banque *(10 000 × 110 + 10 000 × 100 × 5 %)*	1 150 000	
Obligations		1 084 560
Produits financiers *(1 084 560 × 6,0337 %)*		65 440
Remboursement des obligations		
Dépréciations des obligations	4 560	
Reprise de provisions		4 560

Si l'entreprise souhaite les revendre rapidement afin de réaliser une plus-value (vente le 01/02/N+1 au prix unitaire de 109 €) :

L'entreprise souhaite réaliser des profits, les obligations seront évaluées à leur juste valeur. Les coûts de transaction sont à enregistrer en charge.

	Débit	Crédit
01/01/N		
Obligations *(10 000 × 105)*	1 050 000	
Charge	20 000	
Banque		1 070 000
31/12/N		
Banque *(10 000 × 5 % × 100)*	50 000	
Obligations		50 000
Intérêt		
31/12/N		
Obligations *(10 000 × 108 – (1 050 000 – 50 000))*	80 000	
Produits financiers		80 000
Ajustement du résultat net		
01/02/N+1		
Banque *(10 000 × 109)*	1 090 000	
Obligations *(10 000 × 108)*		1 080 000
Produits financiers		10 000
Cession des obligations		

Si l'entreprise a fait ce placement de trésorerie en attendant de réaliser un investissement (vente le 01/02/N+1 au prix unitaire de 109 €) :

	Débit	Crédit
01/01/N		
Obligations	1 070 000	
Banque		1 070 000
31/12/N		
Banque *(10 000 × 5 % × 100)*	50 000	
Obligations	14 560	
Produits financiers		64 560
Intérêt		
31/12/N		
Autres éléments du résultat global	4 560	
Obligations		4 560
Ajustement du résultat global		
01/02/N+1		
Banque *(10 000 × 109)*	1 090 000	
Obligations *(10 000 × 108)*		1 080 000
Autres éléments du résultat global		10 000
Cession des obligations		
01/02/N+1		
Autres éléments du résultat global *(10 000 – 4 560)*	5 440	
Produits financiers		5 440
Mise en résultat lors de la cession		

PARTIE 3

COMPTES DE GROUPE

PARTIE 3

COMPTES DE GROUPE

Exercice 32
Présentation des comptes consolidés

À l'aide de l'annexe, préciser si le groupe Pourquoi a l'obligation de présenter des comptes consolidés en N.

Annexe - Extrait des états financiers du Groupe Pourquoi

	N-2	N-1	N
Total des bilans des sociétés du groupe Pourquoi	28 millions	29 millions	30 millions
Total des bilans des sociétés sous influence notable	2 millions	2,5 millions	3 millions
Total du chiffre d'affaires des sociétés du groupe Pourquoi	50 millions	55 millions	75 millions
Total du chiffre d'affaires des sociétés sous influence notable	10 millions	12 millions	12 millions
Nombre de salariés des sociétés du groupe Pourquoi	320	290	290
Nombre de salariés des sociétés sous influence notable	50	60	50

Corrigé

Le groupe n'est pas dans l'obligation de consolider si, pendant deux exercices successifs, il ne dépasse pas deux des trois seuils suivants :

- total du bilan : 24 000 000 € ;
- total du chiffre d'affaires : 48 000 000 € ;
- nombre de salariés : 250.

Pour calculer les seuils, il ne faut prendre que les sociétés sous contrôle, il faut donc exclure les sociétés sous influence notable.

En N-2 : Total du bilan : 28 000 000 – 2 000 000 = 26 000 000 > Seuil
Total du chiffre d'affaires : 50 000 000 – 10 000 000 = 40 000 000 < Seuil
Nombre de salariés : 320 – 50 = 270 > Seuil
Soit deux seuils sur trois sont dépassés.

En N-1 : Total du bilan : 29 000 000 – 2 500 000 = 26 500 000 > Seuil
Total du chiffre d'affaires : 55 000 000 – 12 000 000 = 43 000 000 < Seuil
Nombre de salariés : 290 – 60 = 230 < Seuil
Uniquement un seuil est dépassé.
Le groupe Pourquoi est dans l'obligation de consolider en N que les seuils soient ou non dépassés en N. En effet, pour ne pas consolider, il ne faut pas dépasser les seuils pendant 2 exercices successifs.

Exercice 33
Périmètre de consolidation

La structure du groupe repose sur un système « par paliers » constitués en principe par domaines d'activité. La société anonyme TRANS-MONDE n'exerce plus qu'une activité de holding. Elle détient, directement ou indirectement, des participations dans des filiales ou des sociétés associées ; ces filiales contrôlent fréquemment elles-mêmes d'autres sociétés.

Une partie du capital de la SA TRANS-MONDE a été introduite en bourse en 2003 et est cotée sur le marché réglementé EURONEXT. De ce fait, ses comptes consolidés sont publiés, depuis 2005, en respect des normes IFRS. En revanche, les filiales françaises établissent leurs comptes consolidés par application du référentiel CRC 99-02 (réglementation française relative aux comptes consolidés). Le groupe a, en effet, fait le choix d'établir des comptes consolidés au niveau de chaque sous-groupe, de manière à disposer d'une information plus complète. Le choix de ne pas basculer totalement en référentiel de l'IASB a résulté d'une volonté de ne pas imposer aux sous-groupes français des retraitements trop importants.

Préciser les conditions d'une exemption de consolidation d'un sous-groupe de sociétés selon la réglementation française.

Corrigé

Lorsqu'elles sont elles-mêmes sous le contrôle d'une entreprise qui les inclut dans ses comptes consolidés et publiés, les sociétés mères de sous-filiales sont exemptées de présenter des comptes consolidés sous plusieurs conditions :

- ne pas émettre de valeurs mobilières admises aux négociations sur un marché réglementé ou de titres de créance négociables ;
- qu'il s'agisse d'un sous-groupe, dont la société mère établit des comptes consolidés.
  Par ailleurs, il ne faut pas d'opposition d'un ou plusieurs associés représentant au moins le dixième du capital social de la société mère du sous-groupe.

Lorsque le sous-groupe est sous le contrôle d'une société étrangère, l'exemption de consolidation est subordonnée au fait que la société mère étrangère établisse des comptes consolidés en conformité avec les dispositions relevant de sa législation nationale.

L'ordonnance du 17 mars 2016 ne fait plus référence à des sociétés qui émettent des valeurs mobilières de placement sur un marché réglementé, mais parle d'entité d'intérêt public.

Exercice 34
Périmètre et méthodes de consolidation

La société MALAGA (cotée sur EURONEXT Paris, compartiment C), qui exerce principalement l'activité « hôtellerie-restauration », est un client important de l'activité expertise comptable du cabinet JEAN. La société MALAGA est dirigée par Madame PEREX, présidente du directoire. La société anonyme MALAGA n'a pas choisi d'anticiper l'application des IFRS 10 et IFRS 11. Cette décision a été prise suite aux conseils prodigués par Madame BART, associée du cabinet JEAN, qui avait préconisé d'attendre N+1 afin de bénéficier de l'expérience des groupes qui auront anticipé l'application à N.

1. La société MALAGA aurait-elle pu présenter des comptes consolidés selon les règles françaises (règlement CRC 99-02) ?

2. Présenter les calculs des pourcentages de contrôle et d'intérêt de MALAGA dans les sociétés du groupe. Déterminer la méthode de consolidation.

Annexe - Informations se rapportant au groupe MALAGA

1. Organigramme du groupe

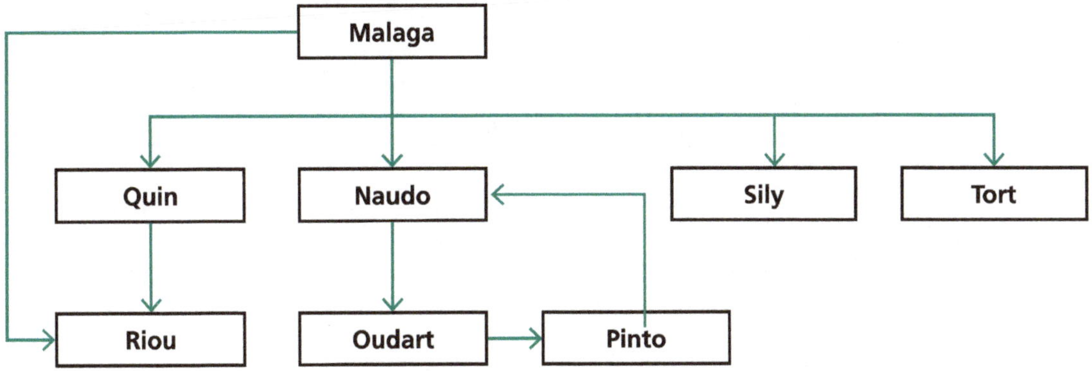

2. Composition du capital des sociétés du groupe

Nom des sociétés	Nombre d'actions ordinaires	Nombre d'actions sans droit de vote	Nombre d'actions à droit de vote double	Total des actions
MALAGA	500 000			500 000
NAUDO	50 000			50 000
OUDART	35 000	5 000		40 000
PINTO	50 000		10 000	60 000
QUIN	70 000	4 000	6 000	80 000
RIOU	20 000			20 000
SILY	100 000			100 000
TORT	75 000			75 000

3. Détail du portefeuille de titres détenus par les sociétés du groupe

	Nombre d'actions ordinaires détenues	Nombre d'actions sans droit de vote détenues	Nombre d'actions à droit de vote double détenues	Total des actions détenues
Titres détenus par MALAGA				
– Titres NAUDO	39 640			39 640
– Titres QUIN	60 000		4 000	64 000
– Titres RIOU	5 000			5 000
– Titres SILY	80 000			80 000
– Titres TORT	45 000			45 000
Titres détenus par NADAU : Titres OUDART	28 000	2 000		30 000
Titres détenus par OUDART : Titres PINTO	27 000		9 000	36 000
Titres détenus par PINTO Titres NAUDO	2 000			2 000
Titres détenus par QUIN Titres RIOU	2 000			2 000

Corrigé

1. La société MALAGA aurait-elle pu présenter des comptes consolidés selon les règles françaises (règlement CRC 99-02) ?

La société étant cotée sur un marché règlementé, aucune option n'est possible. Elle doit présenter ses comptes selon le référentiel IFRS.

2. Présenter les calculs des pourcentages de contrôle et d'intérêt de MALAGA dans les sociétés du groupe. Déterminer la méthode de consolidation.

	Pourcentage de contrôle de Malaga dans les autres sociétés du groupe	Pourcentage d'intérêt de Malaga dans les autres sociétés du groupe	Méthode de consolidation
Quin	Nombre de droits de vote : 70 000 + 60 000 × 2 = 82 000 Nombre de droits de vote de Malaga : 60 000 + 4 000 × 2 = 68 000 % de contrôle $\frac{68\,000}{82\,000}$ = 82,92 %	Nombre d'actions : 80 000 Nombre d'actions détenues par Malaga : 64 000 % intérêt : $\frac{64\,000}{80\,000}$ = 80 %	Intégration globale
Riou	% de contrôle de Quin dans Riou : $\frac{2\,000}{20\,000}$ = 10 % % de contrôle direct de Malaga dans Riou : $\frac{5\,000}{20\,000}$ = 25 % % de contrôle de Malaga dans Riou : 10 + 25 = 35 %	% intérêt : 80 % × 10 % + 25 % = 33 %	Mise en équivalence
Sily	% de contrôle : $\frac{80\,000}{100\,000}$ = 80 %	% intérêt : 80 %	Intégration globale
Tort	% de contrôle : $\frac{45\,000}{75\,000}$ = 60 %	% intérêt : 60 %	Intégration globale
Naudo	% de contrôle : $\frac{39\,640}{50\,000 + 2\,000}$ = 82,58 %	(1)	Intégration globale
Oudart	% de contrôle : $\frac{28\,000}{35\,000}$ = 80 %	(1)	Intégration globale
Pinto	% de contrôle : $\frac{27\,000 + 9\,000 \times 2}{50\,000 + 10\,000 \times 2}$ = 64,28 %	(1)	Intégration globale

Naudo a un contrôle exclusif sur Pinto. Il y a un autocontrôle. Les 2 000 actions ne doivent pas être comptabilisées.

% intérêt direct de Malaga dans Naudo : $\frac{39\ 640}{50\ 000} = 79{,}28\ \%$

% intérêt direct de Naudo dans Oudart : $\frac{30\ 000}{40\ 000} = 75\ \%$

% intérêt direct de Oudart dans Pinto $\frac{36\ 000}{60\ 000} = 60\ \%$

% intérêt direct de Pinto dans Naudo : $\frac{2\ 000}{50\ 000} = 4\ \%$

D'où le système suivant : $N = 0{,}7928 + 0{,}04\ P$
$O = 0{,}75\ N$
$P = 0{,}6\ O$

Soit un pourcentage d'intérêt de Malaga dans Pinto de 36,33 %
Malaga dans Oudart de 60,53 %
Malaga dans Naudo de 80,73 %

Exercice 35
Référentiel comptable

La société Xerel a créé une filiale Pixel. Elle a également des participations dans diverses sociétés. La société Xerel est cotée sur le marché NYSE Alternext (marché non règlementé pour les petites et moyennes entreprises internationales). Les comptes consolidés du groupe Xerel sont tenus en application des normes IFRS.

Le groupe Xerel aurait-il pu appliquer un autre référentiel comptable en matière de comptes consolidés ?

Corrigé

NYSE ALTERNEXT est un marché régulé, aux exigences réglementaires assouplies, mais non réglementé. Il est régulé par NYSE Euronext au travers d'un ensemble de règles applicables aux sociétés qui y sont cotées et aux intermédiaires.

Le référentiel IFRS n'est pas obligatoire pour ces groupes cotés sur ce marché. En conséquence, la société Xerel pourrait appliquer le règlement CRC99-02 pour établir ses comptes consolidés.

Exercice 36
Périmètre de consolidation – Exclusion

Monsieur SUSE vous affecte à l'équipe consolidation du groupe MATIK. Votre mission consiste à déterminer le périmètre de consolidation mais aussi à effectuer certains retraitements.

1. À partir de l'annexe, et selon la réglementation française CRC 99-02, présenter sous forme de tableau synthétique : le pourcentage d'intérêt, le pourcentage de contrôle, la nature du contrôle, la méthode de consolidation du groupe dans la SAS MATIK, la SA MSUFI, la SARL THARD, la SAS TASSE, la SA BOL et la société FAMILI.

2. Rédiger une courte note sur les cas d'exclusions obligatoires et facultatives du périmètre de consolidation selon la réglementation CRC 99-02.

Annexe : Informations relatives aux sociétés du groupe

Sociétés	Capital	Nombre de titres	Participation de MATIK	Chiffre d'affaires HT	Total bilan	Nombre de salariés
SAS MATIK	200 000	2 000 actions		500 000 €	3 000 000 €	5
SA MSUFI	2 400 000	24 000 actions	10 200 actions acquises au nominal	4 200 000 €	7 540 000 €	187
SARL THARD	40 000	200 parts	100 parts acquises 350 € l'une	2 200 000 €	980 000 €	19
SAS TASSE	2 000	100 actions	5 actions acquises au nominal	450 000 €	123 000 €	6
Société FAMILI	100 000	1 000 actions	700 actions	1 500 000 FS	500 000 FS	10
SA BOL	60 000	500 actions	240 actions	632 000 €	258 000 €	22

Observations :

Actionnaires de la SA MSUFI :
- SA MATIK : 10 200 actions ordinaires
- Madame RENEE : 9 300 actions ordinaires
- Divers actionnaires : 500 actions ordinaires
- Fonds de pension : 4 000 actions de préférence sans droit de vote

La SA PHRAN détient 90 parts de la SARL THARD. Une convention entre les sociétés MATIK et PHRAN oblige ces sociétés à prendre les décisions concernant THARD à la majorité des 2/3.

La SAS TASSE a pour objectif exclusif la gestion de la trésorerie du groupe, objet prévu dans les statuts. La SAS MATIK s'est portée garante de la SAS TASSE auprès des banques. Madame RENNE détient 90 actions de la société TASSE en pleine propriété.

Les autres actions de la SA BOL (260) sont entièrement détenues par la SA PLACE dans laquelle aucune société du groupe n'a d'actions. La SA MATIK a depuis toujours nommé la majorité des membres du conseil d'administration car la SA PLACE n'entend exercer ni partager le contrôle de la SA BOL.

Corrigé

1. À partir de l'annexe, et selon la réglementation française CRC 99-02, présenter sous forme de tableau synthétique : le pourcentage d'intérêt, le pourcentage de contrôle, la nature du contrôle, la méthode de consolidation

Sociétés	% de contrôle	Nature du contrôle	Méthode de consolidation	% d'intérêt
MATIK	100 %	Exclusif	Intégration globale	100 %
MSUFI	10 200 / 20 000* = 51 %	Exclusif	Intégration globale	10 200 / 24 000 = 42,50 %
THARD	100 / 200 = 50 %	Conjoint, car décisions communes avec PHRAN	Intégration proportionnelle	100 / 200 = 50 %
TASSE	5 / 100 = 5 %	Exclusif, car société ad hoc	Intégration globale	5 / 100 = 5 %
BOL	240 / 500 = 48 %	Contrôle exclusif car nomination de la majorité des membres du CA sur deux exercices successifs au moins	Intégration globale	240 / 500 = 48 %
FAMILI	700 / 1 000 = 70 %	Contrôle exclusif	Intégration globale	700 / 1 000 = 70 %

*10 200 + 9 300 + 500 = 20 000.

2. Rédiger une courte note sur les cas d'exclusions obligatoires et facultatives du périmètre de consolidation selon la règlementation CRC 99-02.

Exclusions obligatoires :

- les actions ou parts sont détenues, dès leur acquisition, uniquement en vue d'une cession ultérieure : une entreprise contrôlée ou sous influence notable est exclue du périmètre de consolidation lorsque dès leur acquisition, les titres de cette entreprise sont détenus uniquement en vue d'une cession ultérieure ; mais, si le projet de cession ultérieure porte seulement sur une fraction des titres, le contrôle ou l'influence notable est défini par référence à la fraction destinée à être durablement possédée ;
- des restrictions sévères et durables remettent en cause substantiellement le contrôle exercé par la société dominante ou les possibilités de transfert de trésorerie entre la filiale et les autres sociétés du groupe.

Exclusions facultatives :

- lorsque l'entreprise n'a pas un caractère significatif par rapport aux comptes consolidés : une entreprise n'entre pas dans le périmètre de consolidation dès lors que sa consolidation, ou celle du sous-groupe dont elle est la tête, ne présente pas, seule ou avec d'autres entreprises en situation d'être consolidées, un caractère significatif par rapport aux comptes consolidés de l'ensemble des entreprises incluses dans le périmètre de consolidation ;
- les informations nécessaires à la consolidation d'une filiale ou d'une participation ne peuvent être obtenues ***sans frais ou délais excessifs***.

Exercice 37
Périmètre de consolidation – Participations circulaires

Le groupe Monet est spécialisé dans les services informatiques. Ses principales activités sont les suivantes : prestations d'ingénierie, prestations de sous-traitance, conception et intégration de progiciels, prestations de conseil.

Toutes les sociétés du groupe sont des SA qui ont adopté la formule classique avec un conseil d'administration.

Les sociétés consolidées du groupe Monet sont intégrées globalement, à l'exception d'une société, la SA Edmond, qui est mise en équivalence. Aucune de ces sociétés n'est cotée en bourse.

1. **Indiquer si le groupe Monet aurait pu appliquer un autre référentiel comptable en matière de comptes consolidés. Justifier votre réponse.**
2. **Analyser la participation circulaire entre les sociétés Baran, Garde et Furet au regard du droit commercial. En tirer les conséquences juridiques.**
3. **Calculer le pourcentage d'intérêts de la SA Monet dans les sociétés Edmond et Garde. En déduire le pourcentage des intérêts minoritaires intégrés dans le bilan consolidé du groupe Monet (pour ces deux sociétés uniquement).**

Annexe : Liens de participation directs et indirects de la SA Monet au 31 décembre N

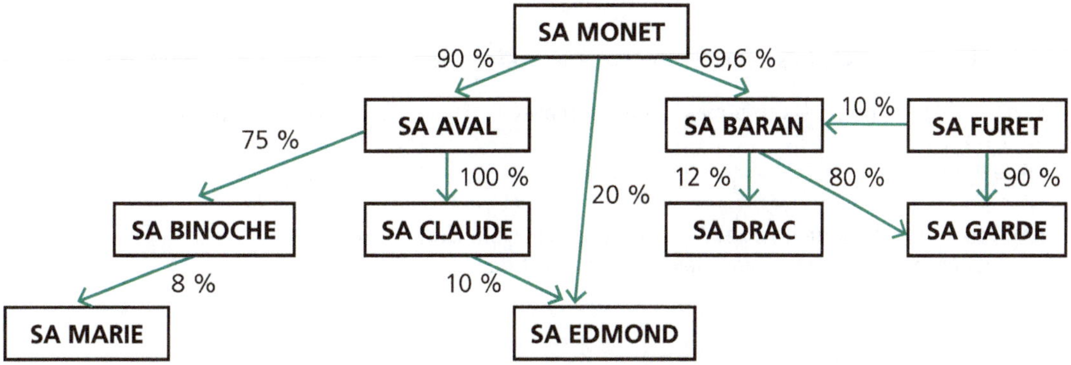

Les pourcentages représentent la part détenue dans le capital de chaque société.

Les sociétés Marie et Drac ne sont pas incluses dans le périmètre de consolidation du groupe Monet.

Corrigé

1. Indiquer si le groupe MONET aurait pu appliquer un autre référentiel comptable en matière de comptes consolidés. Justifier votre réponse.

Les sociétés cotées sur un marché règlementé sont dans l'obligation de présenter leurs comptes consolidés selon le référentiel IFRS. Les sociétés non cotées peuvent publier leurs comptes consolidés selon le référentiel IFRS ; si cette option n'est pas retenue, le référentiel est le règlement CRC 99-02.

2. Analyser la participation circulaire entre les sociétés Baran, Garde et Furet au regard du droit commercial. En tirer les conséquences juridiques.

La SA Monet détient indirectement la majorité des droits de vote dans la SA Furet (par l'intermédiaire des filiales Baran et Garde). Les actions Baran détenues par Furet sont des actions d'autocontrôle. Ces actions sont privées du droit de vote, il ne doit pas en être tenu compte pour le calcul du quorum et de la majorité.

3. Calculer le pourcentage d'intérêts de la SA Monet dans les sociétés Edmond et Garde. En déduire le pourcentage des intérêts minoritaires intégrés dans le bilan consolidé du groupe Monet (pour ces deux sociétés uniquement).

Calcul des intérêts dans la SA Edmond :
- Participation directe : 20 % ;
- Participation indirecte : 90 × 100 × 10 = 9 %.

Soit un pourcentage d'intérêt de Monet dans la SA Edmond de 29 %.
Le pourcentage des intérêts minoritaires est de 10 × 100 × 10 = 1 %.

Calcul des intérêts dans la SA Garde :
Il existe une participation circulaire.

Si on utilise la formule alors pourcentage des intérêts = $\dfrac{69{,}6\ \% \times 80\ \%}{1 - 80\ \% \times 90\ \% \times 10\ \%} = 60\ \%$

En utilisant la méthode des systèmes d'équation avec F : Furet ; G : Garde et B : Baran alors :
- B = 69,6 + 0,1F
- G = 0,8 B
- F = 0,9 G

Après résolution, le pourcentage d'intérêt dans la société Garde G = 60 %.
Le pourcentage des intérêts minoritaires intégrés est de 100 – 60 = 40 %.

Exercice 38
Immobilisation par composant

La société Solalp-T a acquis le 1er juin N un téléphérique pour un montant de 900 000 €. Des travaux périodiques de grandes révisions ont lieu tous les 5 ans. Les travaux ont été programmés pour la fin de l'hiver N+5 pour un montant évalué à 60 000 €. La société a constitué une provision pour grands travaux. L'amortissement du téléphérique est effectué selon le mode linéaire sur 30 ans. Il ne vous est pas demandé de traiter l'aspect fiscal de l'amortissement. L'entreprise clôt son exercice le 30/09 de chaque année (taux impôt 33 1/3 %).

Présenter les écritures de retraitements au 30/09/N+1.

Corrigé

Les normes IFRS ne reconnaissent pas les provisions pour grands travaux, celles-ci ont un caractère fiscal. Les comptes doivent être retraités afin de faire apparaître les ***composants***.

	PCG	IFRS
Actif	Immobilisations pour 900 000 €	Structure : 900 000 – 60 000 = 840 000 € Composant révision : 60 000 €
Amortissement	N-1/N : 900 000 / 30 × 4 / 12 = 10 000 N/N+1 : 900 000 / 30 = 30 000	Structure : N-1/N : 840 000 / 30 × 4 / 12 = 9 333 N/N+1 : 840 000 / 30 = 28 000 Composant : N-1/N : 60 000 / 5 × 4 / 12 = 4 000 N/N+1 : 60 000 / 5 = 12 000

Compte de bilan

Téléphérique structure	840 000	
Téléphérique révision	60 000	
Téléphérique		900 000
Amort. Téléphérique	40 000	
Réserve Solalp *(9 333 + 4 000 – 10 000) × 2/3*	2 222	
Résultat Solalp *(28 000 + 12 000 – 30 000) × 2/3*	6 667	
Impôt dif. Actif	4 444	
Amort télép. Struct.		37 333
Amort télép. Rév.		16 000
Provision pour révision	16 000	
Réserves Sol *(4 000 × 2/3)*		2 667
Résultat Sol *(12 000 × 2/3)*		8 000
Impôt dif. Passif		5 333

Compte de gestion

DAP *(28 000 + 12 000 – 30 000)*	10 000	
Résultat		6 667
Impôt		3 333
Résultat	8 000	
Impôt	4 000	
RAP		12 000

Exercice 39
Provision règlementée

Parmi l'ensemble des opérations de retraitements de pré-consolidation, on retiendra celle décrite ci-dessous :

Nature de la provision	Montant à l'ouverture	Dotation	Reprise	Montant à la clôture
Provision pour hausse des prix	66 900	22 600	7 900	81 600

Lors de l'achat des titres de participation en N-3, les frais de 30 000 € ont été comptabilisés à l'actif. Fiscalement, ils sont déductibles linéairement sur 5 ans, pour cela, l'entreprise a comptabilisé des amortissements dérogatoires

Présenter les écritures de retraitements.

Corrigé

Compte de bilan		
PHP	81 600	
Résultat *(22 600 – 7 900) × 2/3*		9 800
Réserves *66 900 × 2/3*		44 600
Impôt dif passif		27 200

Compte de gestion		
Reprise de provisions	7 900	
Impôt	4 900	
Résultat	9 800	
Dotations aux provisions		22 600

Traitement des frais d'acquisition de titres : il convient d'annuler les amortissements dérogatoires.
Amortissements comptabilisés : 30 000 / 5 × 4 ans = 24 000 €
De plus, le CRC indique que les frais doivent être activés pour leur montant net de l'impôt différé, il faudra procéder à un retraitement des frais pour le montant de l'impôt différé.

Compte de bilan		
Amortissement dérogatoire	24 000	
Réserves *30 000 / 5 × 3 × 2/3*		12000
Résultat *30 000 / 5 × 2/3*		4 000
ID *24 000 / 3*		8 000
Impôt différé	10 000	
Titres de participation *30 000 / 3*		10 000

Compte de gestion		
Impôt	2 000	
Résultat	4 000	
Dotation aux provisions		6 000

Exercice 40
Subvention et problèmes fiscaux

Une subvention de 240 000 € apparaît au bilan au 31/12/N. Elle a été obtenue pour un matériel acquis début N-1 pour 600 000 € (subvention 50 %). Cette subvention est reprise comptablement en résultat sur la base des amortissements linéaires du matériel (10 ans).

Afin de bénéficier des avantages fiscaux liés à l'amortissement dégressif (amortissement sur 10 ans : coefficient 2,25), la société a comptabilisé un amortissement dérogatoire.

Année	Amortissement dégressif fiscal du matériel
N-1	600 000 × 22,5 % = 135 000
N	(600 000 – 135 000) × 22,5 % = 104 625

Subvention d'investissement : traitement comptable, traitement fiscal et conséquences fiscales

Année	Quote-part de subvention virée au résultat selon les règles fiscales	Quote-part de subvention virée au résultat dans les comptes sociaux	Réintégration fiscale Cerfa 2058A
N-1	135 000 × 50 % = 67 500	60 000 × 50 % = 30 000	37 500,00
N	104 625 × 50 % = 52 312,50	60 000 × 50 % = 30 000	22 315,50

Des amortissements dérogatoires liés au matériel subventionné sont inscrits au bilan pour 119 625 €.

La contribution sociale de solidarité (ORGANIC), comptabilisée en charge à payer au titre de l'année N, s'élève à 45 000 €. Cette contribution sera versée en N+1. En avril N, la société a versé sa contribution N–1 pour 21 000 €.

La société a constaté en N des charges fiscalement non déductibles pour 20 000 €.

Dans le cadre des comptes consolidés du groupe, le groupe reclasse les subventions d'investissement en compte de régularisation passif (produits constatés d'avance). Les immobilisations corporelles sont amorties selon le mode linéaire.

Présenter les écritures de retraitements.

Corrigé

Les subventions sont enregistrées en produits constatés d'avance.

Compte de bilan		
Subvention Produits constatés avance *600 000 / 2 – 30 000 × 2*	240 000	240 000

Pour la réintégration fiscale il convient de tenir compte de l'imposition différée.

Compte de bilan		
Impôt diff. Actif Réserves *37 500 / 3* Résultat *22 315,50 / 3*	19 938,50	12 500 7 438,50

Compte de gestion		
Résultat Impôt	7 438,50	7 438,50

Les amortissements dérogatoires sont à annuler.

Compte de bilan		
Amort dérogatoire Réserves *75 000 × 2/3* Résultat *44 625 × 2/3* IDP *119 625 / 3*	119 625	50 000 29 750 39 875

Compte de gestion		
Impôt *44 625 / 3* Résultat DAP	14 875 29 750	44 625

Pour la contribution organique, elle n'est déductible qu'au moment ou elle est réglée (N+1). En consolidation l'impact doit se faire sur l'année N.

Compte de bilan		
Impôt différé actif Résultat *45 000 / 3* *Organic N*	15 000	15000
Résultat *21 000 / 3* Réserves *Organic N-1*	7 000	7 000

Compte de gestion		
Résultat CR Impôt société	15 000	15000
Impôt société Résultat CR	7 000	7 000

Pour les charges fiscalement non déductibles, il n'y a aucun décalage dans le temps. Aucune écriture n'est à comptabiliser.

Exercice 41
Crédit-bail

La société Azur Voyages a signé un contrat de crédit-bail le 1er octobre N-1 relatif à du matériel de transport. Ce contrat présente les caractéristiques suivantes :

- valeur d'origine du bien : 312 688 € ;
- durée du contrat : 4 ans ;
- redevances trimestrielles, payables début de trimestre : 21 000 € HT ;
- prix de la levée d'option : 30 000 € HT.

Paramètre du plan d'amortissement du bien s'il avait été acquis : 4 ans selon le mode linéaire avec une valeur résiduelle de 30 000 €.

Extrait du tableau d'amortissement de l'emprunt fictif :

Échéances	Restant dû	Intérêts	Remboursement	Trimestrialité	Restant dû
01/10/N-1	312 688		21 000	21 000	291 688
01/01/N	291 688	5 834	15 166	21 000	276 522
01/04/N	276 522	5 530	15 470	21 000	261 052
01/07/N	261 052	5 221	15 779	21 000	245 273
01/10/N	245 273	4 905	16 095	21 000	229 178
01/01/N+1	229 718	4 584	16 416	21 000	212 762

Présenter les écritures de consolidation au 31/12/N.

Corrigé

Il faut inscrire l'immobilisation au bilan, il faudra donc l'amortir. En contrepartie, cet investissement est financé grâce à un emprunt.

Les redevances sont payables d'avance.

Montant des amortissements :

N-1 : (312 688 – 30 000) / 4 × 3/12	17 668
N : (312 688 – 30 000) / 4	70 672
Montant des amortissements :	88 340

Les intérêts à comptabiliser en charges : 4 584 + 4 905 + 5 221 + 5 530 = 20 240

Les redevances de l'année N sont de : 21 000 × 4 = 84 000

Le résultat doit être modifié de : 70 672 + 20 240 – 84 000 = 6 912 €

Compte de bilan		
Matériel	312 688	
Emprunt		312 688
Réserves Azur *17 688 × 2/3*	11 778	
Résultat Azur *70 672 × 2/3*	47 115	
ID	29 447	
Amortissement		88 340
Emprunt *312 688 – 229 178*	83 510	
Intérêt courus		4 584
Réserves A *15 166 × 2/3*		10 110
Résultat A *63 760 × 2/3*		42 507
ID		26 309

Compte de gestion		
DAP	70 672	
Intérêt	20 240	
Résultat *6 912 × 2/3*		4 608
Redevance *21 000 × 4*		84 000
Impôt		2 304

Exercice 42
Écart de conversion

Provision pertes de change : 15 000 €

Mouvements des provisions pour pertes de change au cours de l'exercice :

31/12/N-1	Dotations de l'exercice	Reprise de l'exercice	31/12/N
10 000	15 000	10 000	15 000

Analyse des mouvements des écarts de conversion actifs et passifs au cours de l'exercice :

Écart de conversion	31/12/N-1	Augmentation	Diminution	31/12/N
Actif	14 000	20 000	14 000	20 000
Passif	5 000	3 000	1 000	7 000

Présenter les écritures de consolidation au 31/12/N.

Corrigé

Selon le CRC 99-02, les gains et pertes latentes doivent être comptabilisés dans le compte de résultat.

Il convient d'annuler la provision pour pertes de change. Il n'y a pas de fiscalité différée.

Compte de bilan		
Écart de conversion passif	7 000	
Résultat		2 000
Réserves		5 000
Résultat	6 000	
Réserves	14 000	
Écart de conversion actif		20 000
Provision de change	15 000	
Réserves		10 000
Résultat		5 000

Compte de gestion		
Résultat	2 000	
Gain de change		2 000
Perte de change	6 000	
RAP	10 000	
Résultat		1 000
DAP		15 000

Exercice 43
Contrat à long terme

Début N-1, la société a engagé une opération sur un contrat à long terme qui s'étend sur les années N-1 à N+1. L'achèvement et la facturation du contrat sont prévus pour le 01/06/N+1.

Dans ses comptes individuels, la société a comptabilisé le contrat selon la méthode de l'achèvement.

Les données concernant ce contrat sont résumées ci-après :

Données en euros	N-1	N	N+1
Prix de vente ferme			600 000
Coût de production total prévisionnel	400 000	400 000	400 000
Coût de revient prévisionnel total	450 000	450 000	450 000
Coût de production réel cumulé engagé à la clôture et accepté par le cocontractant	200 000	300 000	

Les conditions pour comptabiliser ce contrat selon la méthode avancement sont réunies. La TVA n'est pas prise en compte par mesure de simplification.

Des mesures physiques ont permis de déterminer les pourcentages d'avancement suivants :

- 50 % fin N-1 ;
- 75 % fin N.

Présenter les écritures de consolidation de N.

Corrigé

Dans les comptes individuels, la société a comptabilisé des travaux en cours de 200 000 en N-1 et de 100 000 € pour N.

Selon la méthode à l'avancement, elle aurait dû comptabiliser un chiffre d'affaires de 300 000 € en N-1 et de 150 000 € en N.

Il convient de modifier les réserves de N-1 de 100 000 € et le résultat de N de 50 000 €.

Compte de bilan		
Client *600 × 75 %*	450 000	
Stock		300 000
Résultat *50 000 × 2/3*		33 333
Réserves *100 000 × 2/3*		66 667
ID *150 000 / 3*		50 000

Compte de gestion		
Production stockée	100 000	
Résultat	33 333	
Impôt	66 667	
Ventes		150 000

Exercice 44
Engagement retraite

La société a inscrit le montant de son engagement en annexe mais n'a pas comptabilisé de provision.

L'évaluation de ses engagements de retraite est :

- au 31/12/N : 150 000 € ;
- au 31/12/N-1 : 130 000 €.

Présenter les écritures de consolidation de N.

Corrigé

Il faut constater la provision dans les comptes consolidés.

Compte de bilan		
Résultat *20 000 × 2/3*	13 333	
Réserves *130 000 × 2/3*	86 667	
ID *150 000 / 3*	50 000	
Provision retraite		150 000

Compte de gestion		
DAP	20 000	
Impôt		6 667
Résultat		13 333

Exercice 45
Emprunt obligataire

La SA TEE a souscrit 1 000 obligations émises le 2 janvier N-1. Les caractéristiques du contrat obligataire sont les suivantes :

- Valeur nominale d'une obligation : 500 € ;
- Prix d'émission : 92 % ;
- Prix de remboursement : 102 % ;
- Coupon d'intérêt annuel encaissable au 2 janvier de chaque année : 3,5 % ;
- Taux d'intérêt effectif : 4,5 % ;
- Remboursement in fine au terme de 10 ans.

Lors de l'acquisition, des frais de 6 876 € HT ont été inscrits en compte de charges, conformément à l'option choisie par la SA TEE.

La direction de la SA TEE estime qu'elle conservera ces titres jusqu'à leur terme. Ils sont donc évalués, en application de la norme IFRS9, au coût amorti en utilisant la méthode du taux d'intérêt effectif.

Extrait norme IFRS9 :
« *Lors de la comptabilisation initiale d'un actif ou d'un passif financier, une entité doit l'évaluer à sa juste valeur majorée, dans le cas d'un actif ou d'un passif financier qui n'est pas à la juste valeur par le biais du compte de résultat, des coûts de transaction directement imputables à l'acquisition ou à l'émission de l'actif ou du passif financier.* »

Dans le cadre d'un passage aux normes IFRS :

1. **Définir la notion de juste valeur d'un actif et d'un passif financiers.**
2. **Poser l'équation qui permet de trouver le taux d'intérêt effectif de l'actif financier relatif au portefeuille d'obligation.**
3. **Enregistrer les écritures de retraitement de l'actif financier relatif au portefeuille d'obligation au titre de l'exercice N selon la réglementation IFRS.**

Corrigé

1. Définir la notion de juste valeur d'un actif et d'un passif financiers.

Selon la norme IFRS 13, la juste valeur est le prix qui serait reçu pour la vente d'un actif ou payé pour le transfert d'un actif lors d'une transaction normale entre des participants de marché à la date d'évaluation.

2. Poser l'équation qui permet de trouver le taux d'intérêt effectif de l'actif financier relatif au portefeuille d'obligation.

Les actifs financiers doivent établis au coût amorti.

Le coût amorti = nombre d'obligations × prix d'émission + frais

= 1 000 × 500 × 92 % + 6 876 = 466 876 €

Dans le cas d'un passif financier, les frais sont déduits.

$$\text{D'où } 466\,876 = 1\,000 \times 500 \times 3{,}5\,\% \times \frac{1 - (1 + i)^{-10}}{i} + 1\,000 \times 500 \times 102\,\% \times (1 + i)^{-10}$$

D'où i = 4,5 %

3. Enregistrer les écritures de retraitement de l'actif financier relatif au portefeuille d'obligation au titre de l'exercice N selon la réglementation IFRS.

Tableau du coût amorti des deux premières années :

	Intérêts à 4,5 %	Intérêts	Coût amorti	
Janv. N-1			466 876	
Déc. N-1	466 876 × 4,5 % = 21 009	17 500	470 385	466 876 + 21 009 – 17 500
Déc. N	470 385 × 4,5 % = 21 167	17 500	474 052	470 385 + 21 167 – 17 500

Valeur d'achat : 1 000 × 500 × 92 % =	460 000
Coût amorti	470 385
Différence ouverture	10 385

Valeur d'achat : 1 000 × 500 × 92 % =	460 000
Coût amorti	474 052
Différence clôture	14 052

Soit une variation sur N de : 14 052 – 10 385 = 3 667

Compte de bilan		
Titres immobilisés	14 052	
Résultat *3 667 × 2/3*		2 445
Réserves *10 385 × 2/3*		6 923
ID *14 052 / 3*		4 684

Compte de gestion		
Résultat	2 445	
Impôt	1 222	
Revenu titre		3 667

Exercice 46
Cession d'une immobilisation

Un autocar a été acquis d'occasion par la SA TEE auprès de la société AZUR VOYAGES le 1er juillet N. Les deux sociétés font partie du même groupe. Le prix négocié intègre une perte de valeur sur le bien et non constatée sous forme de dépréciation dans les comptes de la société AZUR VOYAGES mais correspondant bien à une diminution de la valeur du bien. Si la société AZUR VOYAGES avait conservé ce bien à l'actif, elle aurait dû constater cette dépréciation et aurait porté la valeur résiduelle de l'autocar compte tenu de sa durée d'utilisation prévue à 26 000 euros.

Caractéristiques de l'immobilisation dans les comptes de la société AZUR VOYAGES :

- Montant brut : 240 000 € HT ;
- Date d'acquisition : 1er avril N-2 ;
- Plan d'amortissements : linéaire sur 4 ans, avec prise en compte d'une valeur résiduelle initiale de 48 000 € ;
- Prix de cession : 110 000 € HT.

Traitement de l'acquisition dans les comptes de la société TEE :

Amortissement : 2,5 ans avec prise en compte d'une valeur résiduelle de 10 000 €.

Présenter les écritures de consolidation de l'année N.

Corrigé

Il faut savoir si l'entreprise a fait un profit ou une perte lors de la cession.

La société AZUR a vendu 110 000 € un bien d'une valeur nette comptable de 132 000 € d'où une moins-value de 22 000 €. Celle-ci correspond à la dépréciation que la société aurait dû passer.

Valeur d'origine	240 000
Amortissement : (240 000 – 48 000) / 4 × (9/12 + 1 + 6/12) =	108 000
VNC	132 000

La vente doit être annulée et la dépréciation constatée.

La société TEE a passé un amortissement de 20 000 € ((110 000 – 10 000) / 2,5 × 6/12).

Si la société AZUR avait gardé le bien, elle aurait passé un amortissement de :

Base : (132 000 – 22 000 – 26 000) = 84 000

Durée : 4 ans – (9/12 + 1 + 6/12) = 1,75 ans

Amortissement : 84 000 / 1,75 × 6/12 = 24 000 €

Il faut faire comme si la cession n'avait pas eu lieu, donc passer un amortissement complémentaire de 4 000 €.

Compte de bilan		
Immobilisation	130 000	
Amortissement		108 000
Dépréciation		22 000
Résultat TEE	2 667	
ID	1 333	
Amortissement		4 000

Compte de gestion		
Produit de cession	110 000	
DAP	22 000	
Valeur nette comp.		132 000
DAP	4 000	
Résultat		2 667
IS		1 333

Exercice 47
Opérations intra-groupe

La société Matik détient 51 % de la société Msufi. Le pourcentage d'intérêt est de 42,50 %.

À partir de l'annexe, pour chaque opération, présenter en justifiant les calculs, les écritures au bilan et au compte de résultat (chaque opération devra être clairement identifiée).

Annexe : Extrait des balances au 31/12/N concernant les opérations entre la SA MSUFI et la SAS MATIK

	SA MSUFI		SAS MATIK	
	Solde débiteur	Solde créditeur	Solde débiteur	Solde créditeur
Stocks de marchandises			405 000	
Fournisseurs et comptes rattachés MSUFI				143 520
Clients et comptes rattachés MATIK	167 440			
Achats de marchandises auprès de MSUFI			780 000	
Variations de stocks de marchandises				75 000
Ventes de marchandises à la SAS MATIK		810 000		

Informations concernant les comptes de cette balance :

A) Règles de consolidation du groupe : enregistrement en fonction de la règle du vendeur

B) Opérations commerciales :

a. La SAS MATIK est le distributeur exclusif des produits de la SA MSUFI. La SA MSUFI pratique envers la SAS MATIK un taux de marge de 25 % sur le prix d'achat.

b. Au 30 décembre N, la SA MSUFI a livré des marchandises à la SAS MATIK qui ont été réceptionnées le 2 janvier N+1 par la SAS MATIK.

c. Les stocks de la balance ci-dessus sont les stocks constatés physiquement dans l'entreprise le jour de l'inventaire. Le stock initial de marchandises chez la SAS MATIK acheté auprès de la SA MSUFI était de 330 000 € au 1er janvier N.

d. Une créance de la SA MSUFI sur la SAS MATIK, échéance au 31 janvier N+1, a été escomptée. Elle supportait des frais pour 30 € HT et des intérêts pour 11 €.

Corrigé

Facture non parvenue : opération de pré-consolidation chez Matik :

Montant des ventes :	810 000
Montant des achats :	780 000
Différence :	30 000

Il faut retenir la règle du vendeur, il convient de régulariser les achats en constatant des factures non encore reçues.

Il faudra ensuite éliminer les opérations réciproques. Du fait de la régularisation des stocks, le montant des achats s'élève à 780 000 + 30 000 = 810 000 €.

Compte de bilan		
Stock	30 000	
TVA à régulariser	6 000	
Fournisseur Msufi		36 000

Compte de gestion		
Achats	30 000	
Variation stocks		30 000
Ventes	810 000	
Achats		810 000

Effets escomptés non échus : opération de pré-consolidation chez Msufi :

Du fait de la régularisation précédente, le compte fournisseur Msufi est de 143 520 + 36 000 = 179 520 €.

Or le compte créance Matik est de 167 440 €. La différence correspond aux effets escomptés, soit 179 520 – 167 440 = 12 080 €. Les frais n'engendrent aucune régularisation.

Comme précédemment, il faudra penser à éliminer les opérations réciproques.

Compte de bilan		
Effets à recevoir	12 080	
Concours bancaires		12 080
Dettes	179 520	
Créances		179 520

Marge sur les stocks : dans le cas présent, la marge est calculée sur le prix d'achat. Pour obtenir la marge sur les stocks, il faut effectuer la proportion suivante : $\frac{25}{125}$.

Élimination du profit sur le stock final : en tenant compte des modifications précédentes, le stock final est de 405 000 + 30 000 = 435 000 €, soit une marge de 435 000 × $\frac{25}{125}$ = 87 000 € à annuler.

Élimination du profit sur les stocks initiaux : le stock final est de 330 000 soit un profit de $330\,000 \times \frac{25}{125}$ = 66 000 € à éliminer.

Compte de bilan		
Résultat Msufi	58 000	
Impôt différé	29 000	
Stock		87 000
Réserves Msufi	66 000	
Résultat Msufi		66 000
Résultat Msufi *66 000 × 1/3*	22 000	
Réserves Msufi		22 000

Compte de gestion		
Variation stock	87 000	
Résultat global		58 000
IS		29 000
Résultat global	44 000	
IS	22 000	
Variation stocks		66 000

Exercice 48
Écart d'évaluation et d'acquisition – Norme IFRS

La société MALAGA (cotée sur EURONEXT Paris, compartiment C) exerce principalement l'activité « hôtellerie-restauration ».

La société MALAGA a acquis, le 01/01/N-2, 80 000 titres de la société SILY pour un prix d'acquisition de 3 500 K€. Les frais d'acquisition des titres comptabilisés en charges s'élèvent à 200 K€. Cette prise de contrôle a été réalisée par le rachat des titres détenus par Monsieur SILY contraint de vendre rapidement.

À la date du 01/01/N-2, les capitaux propres de la SA SILY, calculés en conformité aux normes de consolidation du groupe décomposaient ainsi :

- Capital (100 000 actions) 1 000 K€
- Réserves 2 500 K€
- Résultat 100 K€

À cette date, les actifs identifiables et les passifs repris de la société SILY ont été évalués séparément et les ajustements proposés ont été les suivants :

A. La société SILY a engagé des coûts de recherche développement importants, non comptabilisés à l'actif, pour le développement de deux nouveaux produits qui ont été soumis à des tests. Les revenus que génèrent ces deux produits constituent l'une des principales motivations de l'acquisition de SILY. Ces projets sont susceptibles d'être vendus individuellement. La juste valeur de ces droits est estimée à 600 K€. La durée d'utilisation prévue est de 4 ans.

B. Ajustements concernant le siège social acquis il y a 20 ans :

	Valeur nette comptable au 01/01/N-2	Juste valeur au 01/01/N-2
Terrain	1 000 K€	2 200 K€
Construction amortissable sur 30 ans	1 800 K€	2 700 K€

C. Des engagements de retraite non comptabilisés sont mentionnés en annexe et s'élèvent à 600 K€.

D. Les valeurs comptables des autres actifs et passifs constituent leur valeur d'utilité.

Au 01/01/N-2, la juste valeur des intérêts minoritaires est déterminée à partir de la valeur globale de la société SILY (6 000 K€) avant prise en compte d'une décote de minorité de 10 %.

Le groupe a opté pour la méthode du *goodwill* complet.

On retiendra un taux d'imposition différée de 33,1/3 %.

Dans le cadre de la prise de contrôle de la société SILY :

1. Déterminer la juste valeur des actifs identifiables et passifs repris au 01/01/N-2.

2. Comptabiliser les écarts d'évaluation dans le journal de consolidation au 31/12/N ainsi que toutes les écritures nécessaires.

3. Déterminer et justifier le *goodwill* (ou profit attendu) constaté sur la société SILY lors de la prise de contrôle au 01/01/N-2.

4. Comptabiliser le *goodwill* (ou profit attendu) dans le journal de consolidation au 31/12/N-2 et au 31/12/N.

Corrigé

1. Déterminer la juste valeur des actifs identifiables et passifs repris au 01/01/N-2.

La société est dans l'obligation de présenter ses comptes selon les normes IFRS. Il convient de calculer dans un premier temps l'écart d'évaluation :

Frais de développement	600
Terrain (2 200 – 1 000)	1 200
Construction (2 700 – 1 800)	900
Provision pour retraite	– 600
	2 100
Impôt différé	– 700
Écart d'évaluation	1 400

La juste valeur est de :

Capital	1 000
Réserves	2 500
Résultat	100
Écart d'évaluation	1 400
	5 000

2. Comptabiliser les écarts d'évaluation dans le journal de consolidation au 31/12/N ainsi que toutes les écritures nécessaires.

Frais de développement	600	
Terrain	1 200	
Construction	900	
Provision pour retraite		600
Impôt différé		700
Titres de participation (1 400 × 80 %)		1 120
Intérêt minoritaire		280

Il faut comptabiliser les amortissements complémentaires concernant la construction et les frais de développement.

Compte de bilan

Réserves consolidées *900/10 × 80 % × 2 × 2/3*	96	
Résultat consolidé *900/10 × 80 % × 2/3*	48	
Impôt différé *900/10 × 3 × 1/3*	90	
Parts minoritaires *900/10 × 20 % × 3 × 2/3*	36	
Amortissement construction *900/10 × 3*		270
Résultat consolidé *600/4 × 2/3 × 80 %*	80	
Réserves consolidées *600/4 × 2 × 2/3 × 80 %*	160	
Parts minoritaires *600/4 × 3 × 2/3 × 20 %*	60	
Impôt différé	150	
Amortissement frais *600/4 × 3*		450

Compte de gestion

DAP 900/10	90	
Résultat groupe *900/10 × 80 % × 2/3*		48
Parts minoritaires *900/10 × 20 % × 2/3*		12
Impôt *900/10/1/3*		30
DAP *600/4*	150	
Résultat groupe		80
Impôt		50
Part minoritaire		20

3. Déterminer et justifier le *goodwill* (ou profit attendu) constaté sur la société SILY lors de la prise de contrôle au 01/01/N-2.

La juste valeur (5 000 × 80 %)	4 000	
Le coût d'acquisition	– 3 500	
	500	profit

La part des minoritaires :

Juste valeur (5 000 × 20 %)	1 000
Coût d'acquisition (6 000 × 20 % × 90 %)	– 1 080
Goodwill des minoritaires	80

L'acquisition s'est faite à des conditions avantageuses.

4. Comptabiliser le *goodwill* (ou profit attendu) dans le journal de consolidation au 31/12/N-2 et au 31/12/N.

Compte de bilan		
31/12/N-2		
Titres Sily	500	
Résultat Malaga		420
Part minoritaire		80
31/12/N		
Titres Sily	500	
Réserves consolidées		420
Parts minoritaires		80

Compte de gestion		
31/12/N-2		
Résultat global	420	
Profit résultant d'une acquisition à des conditions avantageuses		420

Exercice 49
Partage des capitaux propres - Complexe

La société MALAGA (cotée sur EURONEXT Paris, compartiment C) exerce principalement l'activité « hôtellerie-restauration ».

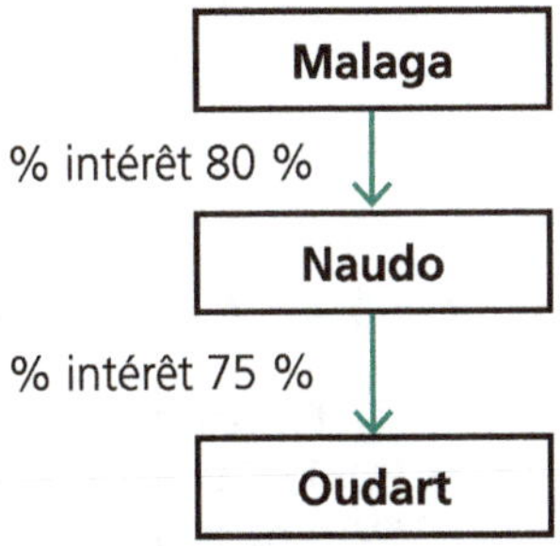

Au 31/12/N, les capitaux propres après tous retraitements de consolidation de la société OUDART sont les suivants :

– Capital (40 000 actions)	2 000 K€
– Réserves	3 000 K€
– Résultat	1 000 K€

Les 30 000 titres OUDART détenus par NADAU ont été acquis au prix de 2 500 K€. Lors de la prise de contrôle, il n'a été dégagé aucun *goodwill*.

Enregistrer l'écriture de partage des capitaux propres au journal de consolidation de la société Oudart en utilisant la méthode de consolidation directe.

Corrigé

Le groupe détient 60 % (80 × 75) des capitaux propres de Oudart.

		Groupe 60 %	Parts minoritaires 40 %
Capital	2 000		
Réserves	3 000		
Total	**5 000**	**3 000**	**2 000**
Titres Oudart appartenant à Nadau		2 500 × 80 % = 2 000	2 500 × 20 % = 500
Réserves consolidées		1 000	1 500
Résultat	**1 000**	**600**	**400**

Compte de bilan		
Capital Oudart	2 000	
Réserves Oudart	3 000	
Résultat Oudart	1 000	
Titres de participation		2 500
Réserves consolidées		1 000
Résultat consolidé		600
Parts des minoritaires		1 900

Compte de gestion		
Résultat du groupe	600	
Résultat minoritaire	400	
Résultat Oudart		1 000

Exercice 50
Partage des capitaux propres

La société TRANS-EUROPE-EXPRESS (TEE) détient en particulier des titres de deux sociétés membres de son sous-groupe : la société TRANSPORTS DU SUD-EST (TSE) à hauteur de 80 % du capital et la société TRANSPORTS SCOLAIRES VAROIS (TSV) à hauteur de 20 % du capital.

La société TSE détient elle-même 40 % du capital de la société TSV.

Les capitaux propres, après tous retraitements de consolidation de la société TSV, sont les suivants :

- Capital (société TSV) 300 000 €
- Réserves (société TSV) 200 000 €
- Résultat (société TSV) 40 000 €

La valeur des titres de participation figurant au bilan des deux sociétés après traitement des écarts d'acquisition s'élèvent à :

- Titres société TSE détenus par la SA TEE 560 000 €
- Titres société TSV détenus par la SA TEE 120 000 €
- Titres société TSV détenus par la SA TSE 180 000 €

Enregistrer l'écriture de partage des capitaux propres au journal de consolidation de la société TEE en utilisant la méthode de consolidation directe.

Corrigé

Dans un premier temps, il faut déterminer la méthode de consolidation.

Pourcentage de contrôle de TEE dans TSE : 80 % contrôle exclusif, intégration globale.

Pourcentage de contrôle de TEE dans TSV : 40 + 20 = 60 % contrôle exclusif, intégration globale.

Pour déterminer la répartition des capitaux propres, c'est le pourcentage d'intérêt qui sert de base aux calculs.

Pourcentage d'intérêt de TEE dans TSE : 80 %

Pourcentage d'intérêt de TEE dans TSV : 20 + 80 × 40 % = 52 %

Tableau de répartition des capitaux propres :

		Groupe 52 %	**Intérêts minoritaires 48 %**
Capital	300 000		
Réserves	200 000		
Total	**500 000**	**260 000**	**240 000**
Titres TSV appartenant à TEE		– 120 000	
Titres TSV appartenant à TSE		– 144 000 (180 000 × 80 %)	– 36 000 (180 000 × 20 %)
Réserves consolidées		– 4 000	204 000
Résultat	**40 000**	**20 800**	**19 200**

Compte de bilan		
Capital TSV	300 000	
Réserves TSV	200 000	
Résultat TSV	40 000	
Réserves consolidées	4 000	
Titres de participation		300 000
Résultat consolidé		20 800
Parts minoritaires		223 200

Compte de gestion		
Résultat du groupe	20 800	
Résultat minoritaire	19 200	
Résultat TSV		40 000

Exercice 51
Écart d'acquisition et d'évaluation – Référentiel français

Le groupe présente, depuis la clôture de l'exercice N-1, des comptes consolidés selon des règles figurant en annexe 1. Vous trouverez en annexe 2 la fiche descriptive de la société Duplirom.

1. Calculer l'écart d'évaluation et son amortissement puis, passer les écritures correspondantes au 31/12/N.

2. Calculer et comptabiliser l'écart d'acquisition et son amortissement au 31/12/N.

Annexe 1 : Extrait du manuel de consolidation du groupe

- La consolidation se fait conformément au règlement 99-02.
- Les actifs identifiables de l'entreprise acquise, y compris les éléments incorporels, ont une nouvelle valeur brute calculée selon les avantages futurs qu'ils permettront de dégager et sont amortis sur leur durée probable d'utilisation, avec prise en compte de la fiscalité différée.
- Les écarts d'acquisition positifs s'amortissent sur 5 ans.
- Les impôts différés provenant de l'écart d'acquisition ne sont pas pris en compte.

Annexe 2 : Fiche descriptive de la société Duplirom

- Société anonyme au capital constitué de 4 000 actions ordinaires de 20 € entièrement libérées.
- La société Les Mots Savants détient 2 400 actions ordinaires de Duplirom, soit 60 % du capital. Ces titres ont été acquis pour 310 000 € le 1er janvier N-1.
- Aucune dépréciation n'a jamais été nécessaire sur les titres Duplirom.
- Les capitaux propres hors résultat s'élevaient au 1er janvier N-1 à 300 000 €.
- À cette date, un actif identifiable a été estimé à sa valeur d'utilité, soit 120 000 €. Il s'agit d'un brevet qui protège une innovation technique pendant 5 ans à partir de cette acquisition. Il ne figure pas au bilan de la société.

Corrigé

1. Calculer l'écart d'évaluation et son amortissement, puis passer les écritures correspondantes au 31/12/N.

Écart d'évaluation : dans le cas présent, il est égal au montant du brevet soit 120 000 €.

Soit un écart d'évaluation net de : 120 000 × 2/3 = 80 000.

Part du groupe : 80 000 × 60 % = 48 000 €.

Part du hors groupe : 80 000 × 40 % = 32 000 €.

Amortissement de l'écart d'évaluation : 120 000 / 5 = 24 000 € par an avec un impôt différé de 8 000 €. La part du groupe est de 24 000 × 2/3 × 60 % = 9 600 €.

Compte de bilan		
Brevet	120 000	
Réserves consolidées		48 000
Parts minoritaires		32 000
Impôt différé		40 000
Réserves consolidées	9 600	
Résultat consolidé	9 600	
Parts minoritaires	12 800	
Impôt différé	16 000	
Amortissement		48 000
24 000 × 2		

Compte de gestion		
DAP	24 000	
Résultat groupe		9 600
Résultat minoritaire		6 400
Impôt		8 000

2. Calculer et comptabiliser l'écart d'acquisition et son amortissement au 31/12/N.

Lors de la prise de participation, la société a une valeur de 300 000 + 120 000 – 40 000 = 380 000 €.

La société Les Mots Savants détient 60 %	228 000
Valeur d'achat	310 000
Écart d'acquisition	82 000

Amortissement : 82 000 / 5 = 16 400 par an.

Compte de bilan		
Écart d'acquisition	82 000	
Titres de participation		82 000
Réserves consolidées	16 400	
Résultat consolidé	16 400	
Écart d'acquisition		32 800

Compte de gestion		
DAP	16 400	
Résultat groupe		16 400

Exercice 52
Partage des capitaux propres – Méthode directe

Toutes les écritures de consolidation ont été comptabilisées. Vous intervenez pour la détermination du partage des capitaux propres.

En utilisant la technique de la consolidation directe, déterminer le partage des capitaux propres.

Annexe 1 : Organigramme du groupe

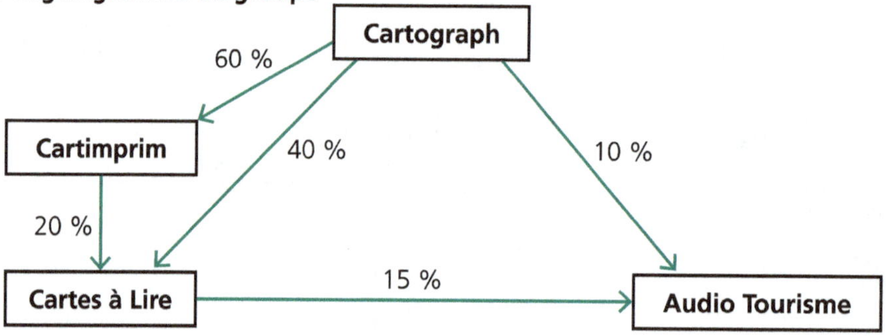

Annexe 2 : Manuel de consolidation du groupe Cartograph

Les intérêts minoritaires sont constatés au moment de la détermination des capitaux propres.
Les écarts d'acquisition sont amortis uniformément sur 10 ans.

Annexe 3 : Prises de participation dans les sociétés du périmètre de consolidation

SA Cartimprim :

Le 3 janvier N-4, la SA Cartograph a acquis 60 % des titres de la SA Artimprim pour un prix d'acquisition total de 2 960 000 €. À cette date, les capitaux propres de la SA Cartimprim, calculés selon les règles de consolidation, s'élevaient à 3 150 000 € (dont 1 500 000 € de capital).

Les capitaux propres ne tenaient pas compte de la sous-évaluation d'un ensemble immobilier acquis le 1er octobre N-11 pour un montant de 1 400 000 € (dont 300 000 € pour le terrain), amortissable en 25 ans. Au 31 décembre N-5, cet ensemble était estimé à 1 900 000 € (dont 500 000 € pour le terrain).

Les autres éléments du bilan de la SA Cartimprim sont correctement estimés.

SARL Cartes à Lire :

Cette société est née de la scission, le 1er février N-4, de la société Cartograph. Elle a été créée au capital de 300 000 € avec une prime de scission de 450 000 €. Le même jour, la direction de la SA Cartograph a cédé, pour leur valeur d'apport, 120 parts de valeur nominale 1 000 € à divers actionnaires et 60 parts à la SA Cartimprim. Elle a gardé 120 parts. La scission s'était effectuée aux valeurs d'apport en ce qui concerne la SARL.

SAS Audio Tourisme :

On rappelle qu'elle a été créée le 1er octobre N, au capital de 3 700 actions de 10 €, soit 37 000 €. La SA Cartograph a souscrit 370 actions pour un prix de 3 700 €. La SARL Cartes à Lire a souscrit 555 actions pour un prix de 5 550 €.

Annexe 4 : Capitaux propres des sociétés, retraités au 31 décembre N

Éléments des capitaux propres	SA Cartograph	SA Cartimprim	SARL Cartes à Lire	SAS Audio Tourisme
Capital	4 000 000	1 500 000	300 000	37 000
Primes	1 225 000	1 930 267	450 000	– 6 594
Réserves	2 025 458	322 450	91 256	
Résultat	434 552		298 125	
Total	**7 685 010**	**3 752 717**	**1 139 381**	**30 406**

Corrigé

Calcul des pourcentages de contrôle et d'intérêts de la société Cartograph, contrôle et méthode de consolidation

	Pourcentage de contrôle		Pourcentage d'intérêt		Contrôle	Méthode
Cartimprim		60 %		60 %	Exclusif	Intégration globale
Cartes à Lire	40 + 20	60 %	60 × 20 + 40	52 %	Exclusif	Intégration globale
Audi Tourisme	10 + 15	25 %	10 + 52 × 15	17,8 %	Influence notable	Mise en équivalence

La Société Audi Tourisme est mise en équivalence à concurrence d'un pourcentage d'intérêt qui doit être le même que celui obtenu par la méthode par palier, soit 25 %. Il faudra donc tenir compte d'une part des minoritaires de 7,2 % (25 – 17,8).

Calculs et écritures nécessaires pour la SA Cartimprim

Écart d'évaluation :

- Terrain : 500 000 – 300 000 = 200 000 €
- Construction : VNC = $1\,100\,000 - 1\,100\,000 \times \frac{6 + \frac{3}{12}}{25}$ = 825 000 soit un écart de 1 400 000 – 825 000 = 575 000 €

Montant de l'écart d'évaluation : $(200\,000 + 575\,000) \times \frac{2}{3}$ = 516 667 € dont 310 000 € pour le groupe (60 %) et 206 667 € pour les minoritaires.

L'écart d'évaluation sur les constructions doit être amorti sur la durée restante c'est-à-dire 25 – 6,25 = 18,75 ans.

Amortissements antérieurs nets : $575\,000 \times \frac{4}{18{,}75} \times \frac{2}{3} = 81\,777$ € soit pour le groupe 60 % (49 067 €) et 40 % pour les minoritaires.

Amortissement de l'année : $575\,000 \times \frac{4}{18{,}75} \times \frac{2}{3} = 20\,444$ € soit pour le groupe 60 % (12 267 €).

Compte de bilan		
Terrain	200 000	
Construction	575 000	
Titres de participation		310 000
Part minoritaire		206 667
Impôt différé		258 333
Réserves conso.	49 067	
Résultat conso.	12 267	
Parts minoritaires	40 888	
Impôt différé	51 111	
Amort. const.		153 333
575 000 × 5 / 18,75		

Compte de gestion		
DAP	30 667	
575 000 / 18,75		
Résultat groupe		12 267
Résultat minoritaire		8 178
Impôt		10 222

Écart d'acquisition :

Valeur d'achat	2 960 000
Valeur des capitaux (3 150 000 + 775 000 × 2/3) × 60 %	2 200 000
Écart d'acquisition	760 000

Amortissement de l'écart : 760 000 / 10 = 76 000 € par an soit 76 000 × 5 = 380 000 € au total.

Compte de bilan		
Écart d'acquisition	760 000	
Titres de participation		760 000
Réserves consolidées	304 000	
Résultat consolidé	76 000	
Écart d'acquisition		380 000

Compte de gestion		
DAP	76 000	
Résultat groupe		76 000

Partage des capitaux propres :

	Total	**Part du groupe 60 %**	**Minoritaire 40 %**
Capital Cartimprim	1 500 000		
Réserves Cartimprim	1 930 267		
Total	**3 430 267**	**2 058 160,20**	**1 372 106,80**
Titres de participation 2 960 - 310 - 760		– 1 890 000,00	
Réserves consolidées		168 160,20	
Résultat Cartimprim	**322 450**	**193 470**	**128 980**

SAS Audio Tourisme :

On rappelle qu'elle a été créée le 1er octobre N, au capital de 3 700 actions de 10 €, soit 37 000 €. La SA Cartograph a souscrit 370 actions pour un prix de 3 700 €. La SARL Cartes à Lire a souscrit 555 actions pour un prix de 5 550 €.

Annexe 4 : Capitaux propres des sociétés, retraités au 31 décembre N

Éléments des capitaux propres	SA Cartograph	SA Cartimprim	SARL Cartes à Lire	SAS Audio Tourisme
Capital	4 000 000	1 500 000	300 000	37 000
Primes	1 225 000	1 930 267	450 000	– 6 594
Réserves	2 025 458	322 450	91 256	
Résultat	434 552		298 125	
Total	**7 685 010**	**3 752 717**	**1 139 381**	**30 406**

Corrigé

Calcul des pourcentages de contrôle et d'intérêts de la société Cartograph, contrôle et méthode de consolidation

	Pourcentage de contrôle		Pourcentage d'intérêt		Contrôle	Méthode
Cartimprim		60 %		60 %	Exclusif	Intégration globale
Cartes à Lire	40 + 20	60 %	60 × 20 + 40	52 %	Exclusif	Intégration globale
Audi Tourisme	10 + 15	25 %	10 + 52 × 15	17,8 %	Influence notable	Mise en équivalence

La Société Audi Tourisme est mise en équivalence à concurrence d'un pourcentage d'intérêt qui doit être le même que celui obtenu par la méthode par palier, soit 25 %. Il faudra donc tenir compte d'une part des minoritaires de 7,2 % (25 – 17,8).

Calculs et écritures nécessaires pour la SA Cartimprim

Écart d'évaluation :

- Terrain : 500 000 – 300 000 = 200 000 €
- Construction : VNC = $1\ 100\ 000 - 1\ 100\ 000 \times \dfrac{6 + \frac{3}{12}}{25}$ = 825 000 soit un écart de 1 400 000 – 825 000 = 575 000 €

Montant de l'écart d'évaluation : (200 000 + 575 000) × $\dfrac{2}{3}$ = 516 667 € dont 310 000 € pour le groupe (60 %) et 206 667 € pour les minoritaires.

L'écart d'évaluation sur les constructions doit être amorti sur la durée restante c'est-à-dire 25 – 6,25 = 18,75 ans.

Amortissements antérieurs nets : $575\,000 \times \frac{4}{18,75} \times \frac{2}{3} = 81\,777$ € soit pour le groupe 60 % (49 067 €) et 40 % pour les minoritaires.

Amortissement de l'année : $575\,000 \times \frac{4}{18,75} \times \frac{2}{3} = 20\,444$ € soit pour le groupe 60 % (12 267 €).

Compte de bilan		
Terrain	200 000	
Construction	575 000	
Titres de participation		310 000
Part minoritaire		206 667
Impôt différé		258 333
Réserves conso.	49 067	
Résultat conso.	12 267	
Parts minoritaires	40 888	
Impôt différé	51 111	
Amort. const.		153 333
575 000 × 5 / 18,75		

Compte de gestion		
DAP	30 667	
575 000 / 18,75		
Résultat groupe		12 267
Résultat minoritaire		8 178
Impôt		10 222

Écart d'acquisition :

Valeur d'achat	2 960 000
Valeur des capitaux (3 150 000 + 775 000 × 2/3) × 60 %	2 200 000
Écart d'acquisition	760 000

Amortissement de l'écart : 760 000 / 10 = 76 000 € par an soit 76 000 × 5 = 380 000 € au total.

Compte de bilan		
Écart d'acquisition	760 000	
Titres de participation		760 000
Réserves consolidées	304 000	
Résultat consolidé	76 000	
Écart d'acquisition		380 000

Compte de gestion		
DAP	76 000	
Résultat groupe		76 000

Partage des capitaux propres :

	Total	Part du groupe 60 %	Minoritaire 40 %
Capital Cartimprim	1 500 000		
Réserves Cartimprim	1 930 267		
Total	**3 430 267**	**2 058 160,20**	**1 372 106,80**
Titres de participation 2 960 - 310 - 760		– 1 890 000,00	
Réserves consolidées		168 160,20	
Résultat Cartimprim	**322 450**	**193 470**	**128 980**

SAS Audio Tourisme :

On rappelle qu'elle a été créée le 1er octobre N, au capital de 3 700 actions de 10 €, soit 37 000 €. La SA Cartograph a souscrit 370 actions pour un prix de 3 700 €. La SARL Cartes à Lire a souscrit 555 actions pour un prix de 5 550 €.

Annexe 4 : Capitaux propres des sociétés, retraités au 31 décembre N

Éléments des capitaux propres	SA Cartograph	SA Cartimprim	SARL Cartes à Lire	SAS Audio Tourisme
Capital	4 000 000	1 500 000	300 000	37 000
Primes	1 225 000	1 930 267	450 000	– 6 594
Réserves	2 025 458	322 450	91 256	
Résultat	434 552		298 125	
Total	**7 685 010**	**3 752 717**	**1 139 381**	**30 406**

Corrigé

Calcul des pourcentages de contrôle et d'intérêts de la société Cartograph, contrôle et méthode de consolidation

	Pourcentage de contrôle		Pourcentage d'intérêt		Contrôle	Méthode
Cartimprim		60 %		60 %	Exclusif	Intégration globale
Cartes à Lire	40 + 20	60 %	60 × 20 + 40	52 %	Exclusif	Intégration globale
Audi Tourisme	10 + 15	25 %	10 + 52 × 15	17,8 %	Influence notable	Mise en équivalence

La Société Audi Tourisme est mise en équivalence à concurrence d'un pourcentage d'intérêt qui doit être le même que celui obtenu par la méthode par palier, soit 25 %. Il faudra donc tenir compte d'une part des minoritaires de 7,2 % (25 – 17,8).

Calculs et écritures nécessaires pour la SA Cartimprim

Écart d'évaluation :

- Terrain : 500 000 – 300 000 = 200 000 €
- Construction : VNC = 1 100 000 – 1 100 000 × $\frac{6 + \frac{3}{12}}{25}$ = 825 000 soit un écart de 1 400 000 – 825 000 = 575 000 €

Montant de l'écart d'évaluation : (200 000 + 575 000) × $\frac{2}{3}$ = 516 667 € dont 310 000 € pour le groupe (60 %) et 206 667 € pour les minoritaires.

L'écart d'évaluation sur les constructions doit être amorti sur la durée restante c'est-à-dire 25 – 6,25 = 18,75 ans.

Amortissements antérieurs nets : $575\,000 \times \frac{4}{18{,}75} \times \frac{2}{3} = 81\,777$ € soit pour le groupe 60 % (49 067 €) et 40 % pour les minoritaires.

Amortissement de l'année : $575\,000 \times \frac{4}{18{,}75} \times \frac{2}{3} = 20\,444$ € soit pour le groupe 60 % (12 267 €).

Compte de bilan		
Terrain	200 000	
Construction	575 000	
Titres de participation		310 000
Part minoritaire		206 667
Impôt différé		258 333
Réserves conso.	49 067	
Résultat conso.	12 267	
Parts minoritaires	40 888	
Impôt différé	51 111	
Amort. const.		153 333
575 000 × 5 / 18,75		

Compte de gestion		
DAP	30 667	
575 000 / 18,75		
Résultat groupe		12 267
Résultat minoritaire		8 178
Impôt		10 222

Écart d'acquisition :

Valeur d'achat	2 960 000
Valeur des capitaux (3 150 000 + 775 000 × 2/3) × 60 %	2 200 000
Écart d'acquisition	760 000

Amortissement de l'écart : 760 000 / 10 = 76 000 € par an soit 76 000 × 5 = 380 000 € au total.

Compte de bilan		
Écart d'acquisition	760 000	
Titres de participation		760 000
Réserves consolidées	304 000	
Résultat consolidé	76 000	
Écart d'acquisition		380 000

Compte de gestion		
DAP	76 000	
Résultat groupe		76 000

Partage des capitaux propres :

	Total	Part du groupe 60 %	Minoritaire 40 %
Capital Cartimprim	1 500 000		
Réserves Cartimprim	1 930 267		
Total	**3 430 267**	**2 058 160,20**	**1 372 106,80**
Titres de participation 2 960 - 310 - 760		– 1 890 000,00	
Réserves consolidées		168 160,20	
Résultat Cartimprim	**322 450**	**193 470**	**128 980**

Compte de bilan		
Capital C	1 500 000	
Réserves C	1 930 267	
Résultat C	322 450	
Réserves consolidées		168 160,20
Titres de participation		1 890 000,00
Résultat consolidé		193 470,00
Parts minoritaires		1 501 086,80

Compte de gestion		
Résultat du groupe	193 470	
Résultat minoritaire	128 980	
Résultat C		322 450

Calculs et écritures nécessaires pour la SA Cartes à Lire

	Total	Part du groupe 52 %	Minoritaire 48 %
Capital CAL	300 000		
Réserves CAL	91 256		
Primes	450 000		
Total	**841 256**	**437 453,12**	**403 802,88**
TP CAL appartenant à Cartograph	300 000	– 300 000,00	
(300 000 + 450 000) × 40 %			
TP CAL appartenant à Cartimprim			
(300 000 + 450 000) × 20 %	150 000		
150 000 × 60 %		– 90 000,00	
150 000 × 40 %			– 60 000,00
Réserves consolidées		47 453,12	343 802, 88
Résultat CAL	**298 125**	**155 025**	**143 100**

Compte de bilan		
Capital CAL	300 000	
Primes CAL	450 000	
Réserves CAL	91 256	
Résultat CAL	298 125	
Réserves consolidées		47 453,12
Titres de participation		450 000,00
Résultat consolidé		155 025,00
Parts minoritaires		486 902,88

Compte de gestion		
Résultat du groupe	155 025	
Résultat minoritaire	143 100	
Résultat CAL		298 125

Calculs et écritures nécessaires pour la SA Audio Tourisme

	Total	Part du groupe 17,80 %	Minoritaires 7,20 %
Capital AT	37 000		
Réserves AT			
Total	**37 000**	**6 586**	**2 664**
TP AT appartenant à Cartograph		– 3 700	
TP AT appartenant à CAL			
5 550 × 52 %		– 2 886	
5 550 × 48 %			– 2 664
Réserves consolidées		0	0
Résultat AT	**– 6594**	**– 1 173,73**	**– 474,77**

Compte de bilan		
Titres mis en équivalence *(37 000 – 6 594) × 25 %*	7 601,50	
Résultat groupe	1 173,73	
Parts minoritaires	474,77	
Titres participation AT *(3 700 + 5 550)*		9 250

Compte de gestion		
QP sté MEE *(6 594 × 25 %)*	1 648,50	
Résultat global		1 648,50

Exercice 53
Partage des capitaux propres – Méthode par palier

Toutes les écritures de consolidation ont été comptabilisées. Vous intervenez pour la détermination du partage des capitaux propres.

Présenter le partage des capitaux propres par la méthode des paliers.

Corrigé

1er palier : consolidation du sous-groupe Cartes à Lire

Il s'agit d'une influence notable et donc d'une mise en équivalence.

	Total	Part du sous-groupe CAL 15 %
Capital AT	37 000	
Réserves AT		
Total	**37 000**	**5 550**
TP AT appartenant à CAL		– 5 550
Réserves consolidées		0
Résultat AT	**– 6594**	**– 989,10**

Compte de bilan		
Titres mis en équivalence *(5 550 – 989,10)*	4 560,90	
Résultat conso. CAL	989,10	
Titres participation AT		5 550,00

Compte de gestion		
QP sté MEE	989,10	
Résultat global		989,10

2e palier : consolidation du sous-groupe Cartimprim

La consolidation se fait par la méthode de l'intégration globale.

	Total	Part sous-groupe Cartimprim 20 %	Int. minoritaires	
			Int. Cartograph 40 %	Autres minoritaires 40 %
Capital CAL	300 000,00			
Primes CAL	450 000,00			
Réserves sous groupe CAL	91 256,00			
	841 256,00	168 251,20	336 502,40	336 502,40
TP CAL appartenant Cartimprim		– 150 000,00		
Réserves consolidées		18 251,20		
Résultat sous groupe CAL 298 125 – 989,10	297 135,90	59 427,18	118 854,36	118 854,36

Compte de bilan		
Capital ssg CAL	300 000,00	
Primes ssg CAL	450 000,00	
Réserves ssg CAL	91 256,00	
Résultat ssg CAL	297 135,09	
Réserv. conso. Carti		18 251,20
Titres de Part		150 000,00
Résultat conso. Carti		59 427,18
Parts mino. réserv. Carto		336 502,40
Parts mino. resu. Carto		118 854,36
Part minoritaire		455 356,76

Compte de gestion		
Résultat du groupe	59 427	
Résultat Carto	118 854	
Résultat minoritaire	118 854	
Résultat CAL		297 135

3e palier : consolidation du groupe Cartograph

Partage des capitaux du sous-groupe Cartimprim

	Total	Part du groupe 60 %	Minoritaire 40 %
Capital Cartimprim	1 500 000,00		
Réserves Cartimprim 1 930 267 + 18 251,20	1 948 518,20		
Total	**3 448 518,20**	**2 069 110,92**	**1 379 407,28**
Titres de participation 2 960 - 310 - 760		– 1 890 000,00	
Réserves consolidées		179 110,92	
Résultat Cartimprim **322 450 + 59 427,18**	**381 877,18**	**229 126,31**	**152 750,87**

Partage des capitaux d'Audio Tourisme

	Total	Part du groupe Carto 10 %
Capital AT	37 000	
Réserves AT		
Total	**37 000**	**3 700,00**
TP AT appartenant à Carto		– 3 700,00
Réserves consolidées		0,00
Résultat AT	**– 6 594**	**– 659,40**

Les écritures concernant les écarts d'évaluation et d'acquisition sont identiques.

Compte de bilan		
Capital Carti	1 500 000,00	
Réserves conso. Carti	1 948 518,20	
Résultat Carti	381 877,18	
Réserves conso.		179 110,92
Titres participation		1 890 000 ,00
Résultat consolidé		229 126,31
Part minoritaire		1 532 158,15
Titres MEE AT	3 040,60	
Résultat conso.	659,40	
TP AT		33 700 ,00
Part mino. réserv. Carto	336 502,40	
Part mino. resu. Carto	118 854,36	
TP CAL		300 000 ,00
Réserves conso.		36 502,40
Résultat conso.		118 854,36

Compte de gestion		
Résultat groupe	229 126 ,00	
Résultat minoritaire	152 751 ,00	
Résultat C		381 877 ,00

QP résultat	659,40	
Résultat global		659,40

Résultat conso.	118 854 ,00	
Résultat Carto		118 854 ,00

Exercice 54
Variation du pourcentage d'intérêt

La société Malaga détient 64 000 actions de la société Quin (capital de 80 000 actions). Elle envisage de céder 60 000 titres pour une valeur de 3 500 K€. La valeur comptable consolidée de la société Quin à la date de cession a été estimée à 2 400 K€. Le coût d'acquisition des 60 000 titres était de 1 200 K€.

Déterminer le résultat social et le résultat consolidé de la cession envisagée.

Présenter les écritures comptables de consolidation correspondant (on ne tient pas compte de l'impact de l'impôt).

Corrigé

La société Malaga détient 80 % de la société Quin. En vendant 60 000 titres, sa participation passe à 5 %. La société doit donc être déconsolidée. Il convient donc de retraiter le résultat dans les comptes sociaux et consolidés.

Pour les comptes consolidés :

Prix de vente	3 500
Valeur comptable des titres $2\,400 \times \dfrac{60\,000}{80\,000}$	1 800
Plus-value	1 700

Pour les comptes sociaux :

Prix de vente	3 500
Valeur comptable des titres	1 200
Plus-value	2 300

Écart entre les deux plus-values : 2 300 – 1 700 = 600

Compte de bilan		
Résultat Malaga	600	
Réserves consolidées		600

Compte de gestion		
Produits (1)	600	
Résultat		600

(1) Valeur nette comptable selon CRC

Exercice 55
Acquisition par étapes (norme IFRS 3)

Le 1er janvier N-1, la société V a acquis 14 % de la société A. Cet actif a été considéré comme un actif disponible à la vente.

Le 1er mars N, la société V augmente sa participation à 60 % dans la société A pour en prendre le contrôle.

La société V établi ses comptes en normes IFRS et a décidé d'évaluer les intérêts minoritaires à leur juste valeur (méthode du *goodwill* complet).

1. Déterminer la juste valeur des actifs identifiables acquis et des passifs repris lors de la prise de contrôle.

2. Présenter les écritures liées à l'écart d'évaluation.

3. Déterminer le *goodwill* complet au 1er mars N et enregistrer le.

Annexe

Prix d'acquisition le 01/01/N-1 : 3 350 K€

Montant des frais : 10 K€ en sus

Valeur des capitaux propres de A au 01/03/N : 13 830 K€ (dont un capital de 6 000 K€ de valeur nominale 10 €)

Au 01/03/N, les titres A ont été acquis au prix unitaire de 50 €, les frais annexes se sont élevés à 65 K€.

Compte tenu d'une décote pour absence de contrôle, la juste valeur des participations ne donnant pas le contrôle est de 10 560 K€.

L'évaluation des actifs identifiables de A a permis de constater les plus-values latentes suivantes au 01/03/N :

- Marque pour 4 500 K€, durée d'utilisation infinie, non valorisée à l'actif de la société A ;
- Ensemble immobilier : 1 200 K€ (dont 390 K€ pour le terrain). La durée de vie restante de la construction est de 9 ans.

Norme IFRS 3 (extrait) :

- Il arrive qu'un acquéreur obtienne le contrôle d'une entreprise dans laquelle il détenait une participation immédiatement avant la date d'acquisition (…) La présente norme fait référence à une telle transaction comme un regroupement d'entreprises réalisé par étapes, parfois également appelé « acquisition par étapes ».
- Dans un regroupement d'entreprises réalisé par étapes, l'acquéreur doit réévaluer la participation qu'il détenait précédemment dans l'entreprise acquise à la juste valeur à la date d'acquisition et comptabiliser l'éventuel profit ou perte en résultat, lors de la prise de contrôle.

Corrigé

1. Déterminer la juste valeur des actifs identifiables acquis et des passifs repris lors de la prise de contrôle.

Montant de la juste valeur :

Capitaux propres (13 830) + Plus-values (4 500 + 1 200) – Impôts différés ((4 500 + 1 200) / 3) = 17 630 K€

2. Présenter les écritures liées à l'écart d'évaluation.

Marques Terrain Constructions Impôts différés Titres de participation *(3 800 × 60 %)* Parts minoritaires *(3 800 × 40 %)*	4 500 390 810	 1 900 2 280 1 520
Résultat conso *(50 × 60 %)* Parts minoritaires Impôts différés Amortissements constructions *(810/9 × 10/12)*	30 20 25	 75
Écritures du compte de gestion DAP Résultat du compte de résultat IS	 75	 50 25

3. Déterminer le *goodwill* complet au 1er mars N et enregistrer le.

Les frais d'acquisition des titres ne font pas partie du coût d'entrée des titres, ils sont à constater en charges.

	Total	**Groupe**	**Parts minoritaires**
Coût d'achat des titres	18 000 (a)	18 000	
+ Juste valeur des minoritaires	10 560		10 560
– Valeur des actifs lors l'achat	17 630	10 578 (b)	7 052
= *Goodwill*	10 930	7 422	3 508

Prix d'acquisition du lot 2 : (60 – 14) % × 600 000 actions × 50 € = 13 800 K€

Prix d'acquisition du lot 1 au prix lors de la prise de contrôle : 14 % × 600 000 × 50 = 4 200 K€

17 630 × 60 %

Les titres avaient été achetés 3 350 + 10 = 3 360 K€.

Aujourd'hui, ils valent 4 000 K€ soit un gain de 840 K€ lors de la prise de contrôle de la société A.

Goodwill Titres de participation Parts minoritaires	10 930	 7 422 3 508

Exercice 56
Résultat par action

La société anonyme TRANS-MONDE n'exerce plus qu'une activité de holding. Elle détient, directement ou indirectement, des participations dans des filiales ou des sociétés associées ; ces filiales contrôlent fréquemment elles-mêmes d'autres sociétés.

Composition du capital de la SA TRANS-MONDE au 1er janvier N

Le capital de la SA TRANS-MONDE était composé d'actions ordinaires et d'actions privilégiées dans les proportions suivantes :

- 1 250 000 actions ordinaires de valeur nominale 10 €, portant intérêt statutaire au taux de 4 % ;
- 250 000 actions privilégiées de valeur nominale 10 €, portant intérêt statutaire au taux de 6 %.

Augmentation de capital durant l'exercice N

Il a été procédé, le 15 septembre N, à une augmentation de capital par émission de 100 000 actions ordinaires de numéraire, entièrement libérées, avec date de jouissance le 1er octobre N.

Emprunt obligataire convertible en actions

La SA TRANS-MONDE a émis le 1er juin N-2 un emprunt obligataire convertible en actions. L'émission a concerné 20 000 obligations de valeur nominale 50 €, portant intérêt au taux de 2,7 %. Au 1er juin N+2, tout porteur d'une obligation pourra demander leur conversion en cinq actions ordinaires.

Résultat de l'exercice N

Le résultat net comptable de l'exercice N s'élève à 984 000 €.

1. Calculer le résultat de base N par action de la SA TRANS-MONDE.

2. Indiquer le résultat dilué N par action de la SA TRANS-MONDE en déterminant successivement :

a) le résultat net dilué ;

b) le résultat net dilué revenant aux actions ordinaires ;

c) le nombre moyen pondéré d'actions en circulation en tenant compte des actions potentielles dilutives ;

d) le résultat dilué par action.

Corrigé

1. Calculer le résultat de base N par action de la SA TRANS-MONDE.

Sont concernées les actions ordinaires pondérées en circulation au cours de la période :

– 1 250 000 + 100 000 × 3/12 = 1 275 000 actions ordinaires

Le résultat à prendre en compte est la part du résultat revenant aux porteurs d'actions ordinaires, c'est-à-dire la part du résultat leur appartenant.

Dividende statutaire :

- Actions ordinaires :
  - 1 250 000 × 10 × 4 % = 500 000
  - 100 000 × 10 × 4 % × 3/12 = 10 000
- Actions privilégiées :
  - 250 000 × 10 × 6 % = 150 000

Montant du résultat mis en réserves : 984 000 – 500 000 – 10 000 – 150 000 = 324 000 €

La part du résultat mis en réserves pour les actions ordinaires :

$$\frac{324\,000}{1\,250\,000 + 100\,000 + 250\,000} \times (1\,250\,000 + 100\,000) = 273\,375\text{ €}$$

Résultat de base N par action : $\frac{273\,375 + 500\,000 + 10\,000}{1\,275\,000} = 0{,}614\text{ €}$

2. Indiquer le résultat dilué N par action de la SA TRANS-MONDE

Le résultat net dilué concerne les actions ordinaires mais aussi les obligations convertibles. Après conversion, les obligations convertibles ne produisent plus d'intérêts, il faut donc tenir compte de l'impact de ce choix sur l'impôt et donc sur le résultat.

Résultat net dilué :

Résultat	984 000	
Intérêts nets d'impôt	18 000	20 000 × 50 × 2,7 % × 2/3
	1 002 000	

Résultat net dilué revenant aux actionnaires ordinaires :

Dividende statutaire des actions ordinaires	510 000
Dividende statutaire des actions privilégiées	150 000
Dividende statutaire des obligations converties : 20 000 × 5 × 10 × 4 % =	40 000
	700 000

Montant du résultat mis en réserves : 1 002 000 – 700 000 = 302 000

Part du résultat mis en réserve pour les actions ordinaires : $\frac{302\ 000}{1\ 600\ 000 + 20\ 000 \times 5} \times (1\ 350\ 000 + 100\ 000) =$ 257 588 €

Résultat net dilué revenant aux actionnaires ordinaires : 510 000 + 40 000 + 257 588 = 807 588 €

Nombre moyen pondéré d'actions : 1 275 000 + 20 000 × 5 = 1 375 000 actions

Résultat net dilué par action : $\frac{807\ 588}{1\ 375\ 000} = 0{,}587$ €

Exercice 57
Autres éléments du résultat global

Quelle est la signification des « autres éléments du résultat global » en IFRS ? Citez deux opérations comptabilisées en « autres éléments du résultat global ».

Corrigé

La norme IAS 1 distingue deux grandes catégories de produits et charges dans l'état du résultat global :

- les éléments de produits et de charges qui sont comptabilisées directement en résultat ;
- et ceux qui sont comptabilisées directement en capitaux propres (Autres éléments du résultat global).

« Les autres éléments du résultat global comprennent les éléments de produits et de charges (y compris certains ajustements de reclassement) qui ne sont pas comptabilisés dans le résultat comme l'imposent ou l'autorisent les principes IFRS.

Les autres éléments du résultat global incluent, en particulier, les éléments suivants :

- Écarts de conversion ;
- Réévaluation des instruments dérivés de couverture, des immobilisations, des actifs financiers disponibles à la vente ;
- Écarts actuariels sur les régimes à prestations définies. »

Exercice 58
Comptes en monnaie étrangère

La société FAMILI est localisée en Suisse et établit ses comptes en francs suisses (FS). Cette filiale réalise des prestations de conseil pour le groupe familial tout en réalisant d'autres prestations pour des sociétés hors groupe. Elle facture habituellement ses prestations en francs suisses. Les dirigeants de cette filiale ont toute latitude pour définir la stratégie de leur société du moment que le taux de rentabilité fixé par les actionnaires soit atteint.
La société FAMILI a été créée en N-3. La SAS MATIK est à l'origine de cette création, elle détient 70 % de la société.

À partir de l'annexe, et après avoir justifié le choix de la méthode de conversion des comptes utilisée, présenter la conversion du bilan de la société FAMILI puis enregistrer les écritures de partage des capitaux propres de la société FAMILI.

Annexe : Informations relatives à la société FAMILI

Depuis la création, les résultats dégagés et mis en réserves ont été les suivants :
Résultats mis en réserve :

N-3	20 000
N-2	30 000
N-1	50 000
Total	100 000

Les titres achetés sont valorisés dans le bilan de la SAS MATIK pour 45 000 €.

Les comptes de la société FAMILI sont les suivants en franc suisse au 31 décembre N :

Bilan au 31/12/N

Actif	Montants	Passif	Montants
Actif immobilisé	250 000	Capital	100 000
Actif circulant	40 000	Réserves	100 000
Trésorerie	210 000	Résultat	50 000
		Autres passifs	250 000
Total	**500 000**	**Total**	**500 000**

Taux de conversion pour 1 franc suisse (FS) :

Années	Cours au 31/12	Cours moyen annuel
N-3	0,75	0,70
N-2	0,80	0,85
N-1	0,85	0,75
N	0,60	0,55

Corrigé

À partir de l'annexe, et après avoir justifié le choix de la méthode de conversion des comptes utilisés, présenter la conversion du bilan de la société FAMILI.

Pour déterminer le mode de conversion, il faut déterminer sa monnaie de fonctionnement. L'entreprise FAMILI est autonome, sa monnaie de fonctionnement est le franc suisse. La méthode à utiliser pour convertir ses comptes est la méthode du cours de clôture.

Le cours lors de la création de la société s'élève à 0,65 € pour 1 FS ($\frac{45\ 500}{100\ 000 \times 70\%}$).

Pour la conversion des réserves, il faut prendre le cours moyen de chaque exercice.

	Franc suisse	Taux moyen	Euros
N-3	20 000	0,7	14 000
N-2	30 000	0,85	25 500
N-1	50 000	0,75	37 500
Total	**100 000**		**77 000**

Bilan converti en euros :

	FS	Taux	Montant		FS	Taux	Montant
Actif immobilisé	250 000	0,60	150 000	Capital	100 000	0,65	65 000
Actif circulant	40 000	0,60	24 000	Réserves			77 000
Trésorerie	210 000	0,60	126 000	Résultat	50 000	0,55	27 500
				Écart de conversion			– 19 500
				Dettes	250 000	0,60	150 000
			300 000				300 000

Enregistrer les écritures de partage des capitaux propres de la société FAMILI.

Partage des capitaux propres :

		Part groupe	Part minoritaire
Capital FAMILI	65 000		
Réserves F	77 000		
	142 000	99 400	42 600
Titres participation		– 45 500	
Réserves consolidées		53 900	
Résultat F	27 500	19 250	8 250
Écart de conversion	-19 500	– 13 650	– 5 850
			45 000

Compte de bilan		
Capital F	65 000	
Réserves F	77 000	
Résultat F	27 500	
Écart de conversion Groupe	13 650	
Titres de participation		45 500
Réserves consolidées		53 900
Résultat consolidé		19 250
Écart de conversion F		19 500
Part minoritaire		45 000

Compte de gestion		
Résultat du groupe	19 250	
Résultat minoritaire	8 250	
Résultat TSV		27 500

Exercice 59
Analyse des documents de synthèse consolidés

La SA Solalp est une société ayant des activités dans le tourisme de montagne et les parcs de loisirs. Il s'agit d'une société anonyme constituée en 1989.

L'activité « Domaines skiables » représente environ 55 % du chiffre d'affaires consolidé. Elle est marquée par une concentration saisonnière (décembre à avril) et géographique (les Alpes en France, Suisse et Italie). L'activité « Parcs de loisirs » (45 % du chiffre d'affaires) rééquilibre la saisonnalité, puisque l'essentiel du chiffre d'affaires de cette branche est réalisé entre avril et septembre.

Compte tenu de l'importance historique des activités liées à la neige, l'exercice social débute le 1er octobre de chaque année pour s'achever le 30 septembre de l'année suivante.

L'exercice N-2/N-1 s'était caractérisé par l'impact financier d'une vague d'acquisitions de cinq parcs de loisirs et l'augmentation de la participation dans une filiale antérieurement consolidée par mise en équivalence. La performance financière semble plus faible en N-1/N (voir annexe 2).

Dans ce dossier, vous êtes amené à vous interroger, à travers les documents de synthèse et les informations complémentaires fournies, sur les raisons de la dégradation de la performance financière telle qu'elle apparaît au compte de résultat consolidé (annexe 2).

1. Qu'entend-on par « Actifs courants » au bilan consolidé du groupe (référentiel IFRS) ?

2. Quel jeu complet d'états financiers (autres que ceux figurant dans les annexes 1 à 4) la norme IAS 1 exige-t-elle de présenter aux assemblées d'actionnaires de la SA Solalp ?

3. **Présenter, à l'aide des annexes 2 et 3, sous forme de deux tableaux faisant apparaître la variation sur deux ans (N-2/N-1 et N-1/N) en fonction des chiffres réels (1er tableau – à l'aide de l'annexe 2) et en fonction des chiffres corrigés de la variation de périmètre (2e tableau – à l'aide de l'annexe) les ratios suivants :**
   - **« Excédent brut opérationnel / Chiffre d'affaires » ;**
   - **Taux de marge nette (Résultat / Chiffre d'affaires).**
4. **Quelle est la signification des écarts constatés entre les deux tableaux ?**
5. **Identifier et analyser les principaux éléments constitutifs des évolutions différentes observées entre le taux d'EBO et le taux de marge nette.**

Annexe 1 : Bilan consolidé du groupe Solalp au 30/9/N, norme IFRS, en milliers d'euros

Bilan (en milliers d'euros)

Actif	30/09/N	30/09/N-1
Écarts d'acquisition (*goodwills*)	203 808	209 509
Immobilisations incorporelles	77 962	80 222
Immobilisations corporelles	367 957	325 691
Immobilisations du domaine concédé	367 356	344 059
Participations dans des entreprises associées	43 077	47 691
Titres destinés à la vente	2 142	3 542
Actifs financiers non courants	7 323	8 371
Impôts différés actifs	10 219	15 097
Actifs non courants	**1 079 844**	**1 034 182**
Stocks	12 189	13 147
Créances d'exploitation et autres	50 962	39 114
Autres créances	15 555	13 778
Impôts courants	4 102	6 933
Actifs financiers courants	5 894	4 650
Trésorerie et équivalents de trésorerie	43 127	51 334
Actifs courants	131 829	128 956
Total actif	1 211 673	1 163 138

Passif	30/09/N	30/09/N-1
Capital	117 481	116 452
Primes	144 605	142 084
Réserves	187 464	174 168
Capitaux propres, part du Groupe	**449 550**	**432 704**
Intérêts minoritaires	37 724	26 318
Total des capitaux propres	**487 274**	**459 022**
Provisions non courantes	18 275	16 806
Dettes financières non courantes	423 987	440 198
Impôts différés passifs	9 529	15 202
Passifs non courants	**451 791**	**472 206**
Provisions courantes	18 046	19 716
Dettes financières courantes	103 375	87 131
Dettes d'exploitation	107 717	91 702
Impôts courants	4 276	3 538
Autres dettes	39 194	29 823
Passifs courants	272 608	231 910
Total passif	1 211 673	1 163 138

Annexe 2 : Compte de résultat consolidé du groupe Solalp N-1/N, norme IFRS, en milliers d'euros

Compte de résultat pour l'exercice	N-1/N	N-2/N-1	Variation
Chiffre d'affaires	**505 697**	**455 628**	**10,99 %**
Autres produits liés à l'activité	970	838	15,75 %
Variation de stocks, production stockée	– 2 417	2 407	– 200,42 %
Achats	– 47 932	– 47 156	1,65 %
Services extérieurs	– 92 480	– 77 925	18,68 %
Impôts, taxes et versements assimilés	– 26 718	– 26 371	1,32 %
Charges de personnel, intéressement et participation	– 164 769	– 149 533	10,19 %
Autres charges d'exploitation	– 30 167	– 19 471	54,93 %
Excédent brut opérationnel	**142 184**	**138 417**	**2,72 %**
Dotations aux amortissements et provisions	– 73 346	– 58 744	24,86 %
Autres produits et charges opérationnels	– 267	277	– 196,39 %
Résultat opérationnel	**68 571**	**79 950**	**– 14,23 %**
Coût de l'endettement brut	– 22 356	– 13 447	66,25 %
Produits de trésorerie et équivalent de trésorerie	129	– 82	– 116,50 %
Coût de l'endettement net	**– 22 227**	**– 14 229**	**56,21 %**
Autres produits et charges financiers	– 1 076	-270	298,52 %
Charge d'impôt	– 15 735	– 22 300	– 29,44 %
Quote-part dans le résultat des sociétés associées	2 267	1 531	48,07 %
Résultat net	**31 800**	**44 682**	**– 28,83 %**
Part des minoritaires dans le résultat	– 3 657	– 3 542	3,25 %
Résultat net part du groupe	**28 143**	**41 140**	**– 31,59 %**
Résultat net part du Groupe, par action	1,81 €	2,69 €	– 32,71 %
Résultat net part du Groupe, dilué par action	1,79 €	2,62 €	– 31,68 %

Annexe 3 : Éléments du résultat consolidé à périmètre comparable (extrait du document de référence de septembre N) (Montants en millions d'euros)

	N-1/N	N-2/N-1	Variation relative
Chiffre d'affaires	505,7	484,9	+4,3 %
Excédent Brut Opérationnel	142,1	132,3	+ 7,4%
EBO/CA	28,1 %	27,3 %	+ 2,93
Résultat Opérationnel	68,5	63,0	+ 8,7%
Coût de l'endettement	– 23,2	– 18,8	+ 23,4%
Charge d'impôt	– 15,7	– 15,1	+ 4%
Mises en équivalence	2,3	0,7	-
Résultat net	31,8	29,8	+6,7 %
Résultat net part du Groupe	28,1	26,2	+ 7,3%

Le périmètre comparable de l'exercice N-2/N-1 prend en compte l'incidence, en année pleine, de l'acquisition des cinq parcs acquis au 01/06/N-1 et l'intégration globale d'une filiale antérieurement consolidée par mise en équivalence, sur 8 mois (28/01/N-1 au 30/09/N-1).

Annexe 4 : Informations concernant l'endettement (extrait du document de référence de septembre N) (Montants en millions d'euros)

Structure de l'endettement	Au 30/09/N		Au 30/09/N-1	
	Montant	%	Montant	%
Dette à taux fixe	32,2	6 %	14,0	2 %
Dette financière à taux variable	491,9	93 %	510,5	97 %
Participation et divers	3,3	1 %	2,8	1 %
		100 %		100 %

Au 30 septembre N, la dette financière à taux variable est couverte à hauteur de 295 millions d'euros (soit 60 % de la dette). Les instruments de couverture utilisés sont constitués de caps et de swaps.

Informations sur les taux d'intérêt	Au 30/09/N		Au 30/09/N-1	
	Montant	%	Montant	%
Taux fixe	32,2	3,54 %	10,1	4,48 %
Taux variable	490,9	4,45 %	510,5	3,36 %
Crédit-bail	1,0	2,90 %	3,9	7,71 %
Participation et divers	3,3	-	2,8	-
Total	527,4	4,38 %	527,3	3,41 %

Montants en millions d'euros

Corrigé

1. Qu'entend-on par « Actifs courants » au bilan consolidé du groupe (référentiel IFRS) ?

« Dans les normes comptables internationales, les actifs et passifs sont présentés sous forme courant ou non courant. Les actifs courants ont vocation à être consommés, vendus ou réalisé au cours de l'exercice, (auteur : plutôt dans les 12 mois suivant la clôture des comptes ?) étant détenu à des fins de transaction sous douze mois ou étant assimilable à de la trésorerie ». (vernimmen.net).

La distinction repose donc sur la distinction entre le court terme (ou durée du cycle d'exploitation si elle est supérieure à 1 an) et le long terme.

2. Quel jeu complet d'états financiers (autres que ceux figurant en annexe) la norme IAS1 exige-t-elle de présenter aux assemblées des actionnaires de la SA Solalp ?

IAS 1, § « Un jeu complet d'états financiers comprend :

a) un état de situation financière à la fin de la période ;
b) un état du résultat global de la période ;
c) un état des variations des capitaux propres (…) ;
d) un tableau des flux de trésorerie ;
e) des notes contenant un résumé des principales méthodes comptables et d'autres notes explicatives, soit une annexe ;
f) un état de situation financière au début de la première période de comparaison lorsque l'entité applique une méthode comptable à titre rétroactif ou effectue un retraitement rétroactif des éléments de ses états financiers, ou lorsqu'elle procède à un reclassement des éléments dans ses états financiers. »

3. Présenter sous forme de deux tableaux faisant apparaître la variation sur deux ans (N-2/N-1 et N-1/N) en fonction des chiffres réels (1er tableau – à l'aide de l'annexe 2) et en fonction des chiffres corrigés de la variation de périmètre (2e tableau – à l'aide de l'annexe 3) les ratios suivants :
– « Excédent brut opérationnel / Chiffre d'affaires » ;
– Taux de marge nette (Résultat/Chiffre d'affaires).

En fonction des chiffres réels (1er tableau) :

Le chiffre d'affaires consolidé ne comprend pas celui des filiales mis en équivalence. Il faut donc, pour mesurer le taux de marge, retirer la « Quote-part dans le résultat des sociétés associées », soit :

Élément calculé	Sur chiffres réels		
	N-1/N	N-2/N-1	Écart
Taux d'EBO	$\frac{142\,184}{505\,697} = 28{,}11\ \%$	$\frac{138\,417}{455\,628} = 30{,}38\ \%$	– 2,27 %
Taux de marge nette	$\frac{31\,800 - 2\,267}{505\,697} = 5{,}84\ \%$	$\frac{44\,682 - 1\,531}{455\,628} = 9{,}47\ \%$	**– 3,63 %**

En fonction des chiffres corrigés de la variation de périmètre (2e tableau) :

Élément calculé	Sur chiffres corrigés de la variation de périmètre (pour N-2/N-1)		
	N-1/N	N-2/N-1	Écart
Taux d'EBO	$\frac{142\ 184}{505\ 697} = 28{,}11\ \%$	$\frac{132{,}3}{484{,}9} = 27{,}28\ \%$	0,83 %
Taux de marge nette	$\frac{31\ 800 - 2\ 267}{505\ 697} = 5{,}84\ \%$	$\frac{29{,}8 - 0{,}7}{484{,}9} = 6\ \%$	**– 0,16 %**

4. Quelle est la signification des écarts constatés entre les deux tableaux ?

Sur les chiffres réels, la dégradation concerne les deux calculs mais est nettement plus marquée au niveau du taux de marge nette. Sur les chiffres corrigés, la variation du taux de marge nette reste négative mais proche de 0, alors que la variation du taux d'EBO devient positive.

L'écart entre les deux tableaux s'explique par la variation du périmètre.

5. Identifier et analyser les principaux éléments constitutifs des évolutions différentes observées entre le taux d'EBO et le taux de marge nette.

L'examen du compte de résultat pour les postes concernés par la différence entre l'excédent brut opérationnel et le résultat net des entreprises intégrés par taux de variation des postes significatif permet d'avancer dans l'analyse :

Éléments « suivants » du compte de résultat	Chiffres réels		
	N-1/N	N-2/N-1	Variation
Dotations aux amortissements et dépréciations	**– 73 346**	**– 58 744**	**24,86 %**
Coût de l'endettement brut	**– 22 356**	**– 13 447**	**66,25 %**
Autres produits et charges financiers	– 1 076	– 270	298,52 %
Charge d'impôt	– 15 735	– 22 300	– 29,44 %

Il apparaît que les amortissements/dépréciations et le coût de l'endettement sont les deux principaux facteurs explicatifs de cette évolution différenciée.

La variation du périmètre du groupe (acquisitions de parcs de loisirs) permet d'expliquer le premier facteur. L'augmentation des immobilisations (intégrées) a généré plus d'amortissements consolidés.

La somme des intérêts a augmenté alors que le montant des emprunts baisse légèrement (remboursement d'emprunts en cours d'exercice). L'origine de la variation doit donc être cherchée dans l'évolution du coût du crédit sur des emprunts existants partiellement remboursés.

Il ressort de l'annexe 4 que 40 % de la dette est à taux variable (qui représente 93 % des emprunts). L'essentiel de l'augmentation du coût de l'endettement trouve donc son explication dans l'évolution des taux d'intérêt. En effet, pour les emprunts à taux variable, le taux d'intérêt moyen est passé de 3,36 % à 4,45 %.

PARTIE 4

AUDIT

Exercice 60
Contrôle interne

La société Qui gère une dizaine de magasins. Chaque établissement a une comptabilité autonome. Le service de contrôle interne a pour fonction de :

- surveiller le travail des autres salariés ;
- surveiller la bonne application des procédures ;
- contrôler la tenue de la comptabilité ;
- contrôler les dépenses engagées par les directeurs de magasin.

Que pensez-vous des missions du service de contrôle interne ?

Corrigé

Le service de contrôle interne n'a pas pour mission de surveiller les autres salariés, ni de contrôler la tenue de la comptabilité, ni de contrôler les dépenses. La seule mission qui lui est impartie est la surveillance de l'application des procédures.

Le contrôle interne a pour mission la mise en place de procédures permettant le bon fonctionnement de l'entreprise. De plus, il doit veiller au bon respect de celles-ci.

Exercice 61
Contrôle interne de la paie

Les bulletins de salaire sont établis par le chef comptable. Pour obtenir les informations nécessaires, il doit se référer aux différents responsables. Ceux-ci, chaque lundi, lui font remonter les informations de la semaine précédente. Du fait du nombre de salariés, les paies prennent en compte les éléments intervenus avant le 25 de chaque mois. Pour les événements postérieurs à cette date, les rectifications ont lieu sur le mois suivant.

Les remarques suivantes ont été faites :
- Le directeur marketing ne fait remonter les informations que le mardi de chaque semaine ;
- Le directeur de la fonction recherche ne fait pas la différence entre les heures supplémentaires et les heures complémentaires ;
- Le rayon bazar fait 15 % d'heures supplémentaires de plus que les autres rayons.

En tant que responsable du personnel, que pensez-vous de ces remarques ?

Corrigé

Le directeur marketing peut avoir une surcharge de travail ou alors être mal organisé. Il faudra avoir un entretien avec lui afin d'analyser les causes de ce dysfonctionnement et lui rappeler qu'il doit tenir les délais.

Pour le directeur de la fonction recherche, il s'agit d'une méconnaissance du droit du travail. Il faudra lui proposer une formation, si c'est le cas. S'il s'agit d'une négligence, il faudra avoir un entretien pour lui rappeler ses responsabilités.

Pour les heures supplémentaires excessives, soit il s'agit d'une mauvaise organisation, soit il peut s'agir de malversations. Dans tous les cas, le service de contrôle interne devra effectuer une analyse plus approfondie afin d'en trouver les causes.

Exercice 62
Comité d'audit

Le comité d'audit est créé et décide de revoir la politique du service de contrôle interne.

Il a constaté que le contrôle du service marketing est insuffisant. Le service achat, quant à lui, ne suit pas les procédures. Le contrôleur n'a jamais fait de remarque.

Que pensez-vous de ces deux situations ?

Corrigé

Le comité d'audit ou des comptes assure une surveillance active des questions relatives à l'élaboration et au contrôle des informations comptables et financières (contrôle de gestion, contrôle interne, fiabilité des informations financières communiquées…). Pour cela, il suit l'efficacité des systèmes de contrôle interne ainsi que le processus d'élaboration de l'information financière.

Dans le premier cas, il peut demander au service de contrôle interne d'effectuer des contrôles complémentaires.

Dans le cas du service achat, le problème est plus grave. En effet, les irrégularités n'ont jamais été relevées, celles-ci peuvent avoir des conséquences financières pour l'entreprise. Il y a donc faute de la part du responsable du contrôle interne, mais aussi du responsable des achats.

Exercice 63
Contrôle interne du cycle clients-ventes

Vous avez réalisé l'étude des procédures du cycle clients-ventes. Elle a permis de relever les éléments suivants :

- lors de la livraison des produits aux clients, un bon de livraison est établi en deux exemplaires. L'un est classé au service expédition, le second est remis au client ;
- les factures impayées font l'objet d'une relance téléphonique au coup par coup, en fonction des disponibilités de temps du service comptabilité clients ;
- le service comptabilité n'est pas informé systématiquement des produits retournés, ni des autres litiges avec les clients.

1. Rédiger une note de synthèse précisant les faiblesses du contrôle interne afférentes au cycle clients-ventes, les risquent qu'elles génèrent, ainsi que les recommandations que vous formulez.

2. Quelle communication le commissaire aux comptes devra-t-il faire ?

Corrigé

1. Rédiger une note de synthèse précisant les faiblesses du contrôle interne afférentes au cycle clients-ventes, les risquent qu'elles génèrent, ainsi que les recommandations que vous formulez.

Trois faiblesses importantes peuvent être relevées :

– la livraison des produits aux clients :
La société ne possède aucune preuve de la livraison effective des produits à ses clients. En cas de conflit, il ne peut rien prouver. Il faudrait établir trois exemplaires du bon de livraison, le faire signer au client et le conserver ;

– le suivi des impayés :
Il n'existe pas de relance systématique des impayés, celle-ci se faisant uniquement au coup par coup et en fonction de la disponibilité du personnel. Le niveau du poste clients n'est donc pas certain. Certains comptes clients peuvent être douteux. Il conviendra d'établir, à intervalles réguliers, une balance par antériorité « créances clients » afin d'effectuer les relances des créances échues demeurées impayées ;

– le suivi des retours et litiges clients par la comptabilité :
Le service comptabilité n'est pas informé systématiquement des produits retournés par les clients ni des litiges commerciaux. Il est alors impossible de savoir si les avoirs ont bien été établis et comptabilisés. Il y a un risque de surévaluation du chiffre d'affaires. Le service comptable devrait recevoir les bons de retour.

2. Quelle communication le commissaire aux comptes devra-t-il faire ?

Le commissaire aux comptes donne au conseil d'administration les informations relatives aux contrôles qu'il a effectués et aux conclusions qu'il en tire quant aux modifications éventuelles à apporter aux documents comptables.

De plus, le commissaire aux comptes communique à tous moments, et dans les formes qu'il juge utiles, avec les dirigeants pour examiner les problèmes apparus dans l'accomplissement de sa mission. Il doit faire bénéficier l'entreprise de ses observations et suggestions d'amélioration du contrôle interne.

Exercice 64
Contrôle interne de l'inventaire des stocks

Lors de l'inventaire physique des stocks, vous relevez les éléments suivants qu'il vous est demandé de critiquer :

- le responsable de l'inventaire physique de fin d'année est Mme Z, chef magasinier ;
- chaque équipe de comptage est composée de deux magasiniers, dont un magasinier expérimenté ayant au moins dix ans d'ancienneté ;
- le commissaire aux comptes assiste à l'inventaire physique mais n'a pas le droit d'arpenter les travées pour ne pas gêner les équipes de compteurs.

Corrigé

Analyse critique des procédures de l'inventaire physique des stocks

– Le responsable de l'inventaire est Mme Z, chef magasinier.

Le principe de contrôle interne de la séparation des tâches n'est pas respecté : il faut confier la responsabilité de l'inventaire physique à une personne indépendante du magasin afin d'assurer, en toute indépendance, la supervision du déroulement de l'inventaire.

– Chaque équipe de comptage est composée de deux magasiniers, dont un magasinier expérimenté ayant au moins dix ans d'ancienneté.

Le principe de contrôle interne de la séparation des tâches n'est pas respecté : les équipes doivent comporter une personne indépendante du magasin (un comptable, un vendeur...) afin de garantir une complète neutralité dans la réalisation des comptages et l'analyse des résultats.

– Le CAC assiste à l'inventaire physique mais n'a pas le droit d'arpenter les travées pour ne pas gêner les équipes de compteurs.

Si cela conduit à empêcher le CAC ou son collaborateur de procéder à des comptages et d'observer le travail des magasiniers et des compteurs, il est fait obstacle au travail du commissaire et aux diligences qu'il désire mettre en œuvre. Cela peut, le cas échéant, constituer un délit d'entrave à la mission du CAC.

Exercice 65
Audit du cycle clients / ventes

M. Xavier sollicite votre aide pour la préparation de la certification des comptes par le commissaire aux comptes. Il a notamment relevé des anomalies dans la gestion des relations avec les points de vente.

Les commissionnaires affiliés sont des commerçants indépendants liés au groupe par un contrat de commission d'affiliation. Dans le cadre des accords contractuels conclus avec les commissionnaires affiliés, la société V demeure propriétaire du stock, la société V comptabilise l'intégralité du chiffre d'affaires, les commissionnaires affiliés reversent les recettes le 15 du mois suivant sous déduction d'une commission. Les invendus sont renvoyés par les points de vente en fin de saison à la société V. Face à l'afflux des retours en fin de saison, les services de la société V ne sont pas en mesure d'identifier les marchandises retournées par chacun des magasins.

Bien que le groupe V ait mis en place un progiciel de gestion intégré (PGI) spécifique dont les modules de gestion commerciale et de caisse enregistreuse sont installés dans certains de ses points de vente, les caisses enregistreuses ne sont pas toujours bien utilisées notamment par les commissionnaires affiliés.

Tous les soirs, une fois les magasins fermés, chaque responsable doit réaliser un comptage de sa caisse. Le montant des encaissements en espèces, chèques, cartes bancaires est inscrit sur un bordereau créé par le responsable. L'état est daté mais il n'est pas signé, il est conservé par le commissionnaire affilié.

Chaque fin de mois, le responsable transmet au groupe le détail journalier de sa caisse et son chiffre d'affaires mensuel.

Un audit interne a révélé un certain nombre d'irrégularités dans la gestion de certains commissionnaires affiliés.

En raison du nombre important de points de vente, M. Xavier souhaite mettre en place des procédures de contrôle interne plus rigoureuses afin de garantir l'exhaustivité du chiffre d'affaires.

1. Identifier deux risques liés au chiffre d'affaires réalisé dans le cadre des commissionnaires affiliés. Présenter trois mesures à mettre en œuvre pour réduire ses risques.

2. Quels sont les objectifs d'audit du cycle clients/ventes dans le cadre de la mission du commissaire aux comptes ?

Annexe : Constats relatifs à la transmission du chiffre d'affaires par les clients commissionnaires affiliés

Le service de contrôle interne a constaté des erreurs ou omissions sur un certain nombre de relevés transmis par des commissionnaires affiliés au cours des 3 derniers mois :

- modification des recettes journalières ;
- annulation des ventes supérieures à 120 € ;
- l'état réalisé sous Excel comporte des erreurs d'additions ;
- les relevés mensuels sont transmis le 15 du mois suivant ;
- le chiffre d'affaires est régulièrement inférieur de 25 % par rapport aux magasins de taille similaire ;
- le responsable adresse systématiquement les relevés avec 2 jours de retard.

Corrigé

1. Identifier et justifier deux risques liés au chiffre d'affaires réalisé dans le cadre des commissionnaires affiliés. Proposer trois mesures à mettre en œuvre pour réduire ses risques.

Les commissions sont calculées à partir du chiffre d'affaires communiqué mensuellement par chaque magasin. Les informations recueillies par M. Xavier font apparaître les risques suivants :

- anomalies au niveau de la valorisation du chiffre d'affaires : incertitude quant à l'exhaustivité du chiffre d'affaires retenu ;
- relevé sur des supports variés : risques d'erreurs d'interprétation ;
- relevé communiqués hors délais : risque d'entraîner un retard dans l'élaboration des factures ;
- relevé non automatisé : risque d'erreurs matérielles.

Certaines mesures peuvent être prises pour réduire ces risques. Il peut être proposé (liste non exhaustive) :

- une automatisation de la procédure via une transmission automatique du chiffre d'affaires du système informatisé du commissionnaire affilié à la société V ;
- un accroissement de la périodicité de transmission des informations (passage d'une transmission mensuelle à une transmission hebdomadaire voire quotidienne) ;
- un document signé et daté pro-forma unique pour la transmission des informations ;
- une action de formation à destination des responsables de magasin pour rappeler l'importance des mesures de contrôle interne ;
- un contrôle rigoureux des stocks d'invendus et un rapprochement magasin par magasin des marchandises envoyées, vendues et retournées.

2. Quels sont les objectifs d'audit du cycle clients/ventes dans le cadre de la mission du commissaire aux comptes ?

L'examen des comptes clients/ventes a pour objectifs de vérifier que :

- la séparation des exercices a été correctement traitée : les opérations ont été enregistrées sur la bonne période comptable ;
- les dépréciations nécessaires et suffisantes ont été comptabilisées (évaluation) ;
- les prestations ont bien été effectuées et les créances inscrites à l'actif sont recouvrables (réalité) ;
- toutes les prestations ont donné lieu à facturation (exhaustivité) ;
- les factures ont été établies et comptabilisées pour le montant contractuel (mesure) ;
- les factures sont bien adressées aux clients avec qui le groupe a conclu des contrats (droits et obligations) ;
- les comptes clients sont correctement classifiés (présentation).

Exercice 66
Révision des stocks

Les stocks représentent 30 % du total du bilan. Suite à des faiblesses importantes constatées dans le système d'inventaire permanent, la société décide d'effectuer un inventaire physique complet au 31 décembre N. Le dirigeant de la société ne souhaite pas que le commissaire aux comptes assiste à cet inventaire car le commissaire aux comptes précédent n'avait pas recours à cette technique de révision. Le dirigeant estime par ailleurs que la présence du commissaire aux comptes le jour de l'inventaire témoigne d'une méfiance exacerbée à l'égard de la gestion de son entreprise.

1. **Rappeler quels sont les principaux objectifs de révision du cycle stocks. Pour atteindre chaque objectif, indiquer une technique de révision à mettre en œuvre par le commissaire aux comptes.**
2. **La société dispose d'un système d'inventaire permanent de ses stocks. Est-elle tenue d'effectuer un inventaire physique complet au 31 décembre N ?**
3. **Le refus du dirigeant aura-t-il un impact sur le rapport du commissaire aux comptes ? Doit-il y avoir révélation de fait délictueux par le commissaire aux comptes au procureur de la République ?**

Corrigé

1. Rappeler quels sont les principaux objectifs de révision du cycle stocks. Pour atteindre chaque objectif, indiquer une technique de révision à mettre en œuvre par le commissaire aux comptes.

Les principaux objectifs de la révision du cycle stocks sont les suivants :

- Réalité : s'assurer que les stocks figurant au bilan existent bien et sont la propriété de l'entreprise ;
- Évaluation : s'assurer qu'il n'y a pas de surévaluation ou de sous-évaluation des stocks, que les coûts d'entrée des stocks sont correctement calculés et que les dépréciations nécessaires ont été constituées ;
- Séparation des exercices : s'assurer que les quantités en stocks sont arrêtées aux mêmes dates que les achats, mises en production, ventes…
- Les autres objectifs sont l'exhaustivité, la présentation adéquate et l'information significative.

Les techniques à mettre en œuvre pour atteindre chacun des trois objectifs principaux sont notamment les suivantes :

- l'assistance à l'inventaire physique : cette technique permet essentiellement de s'assurer de la réalité des stocks, mais elle permet également d'atteindre l'objectif d'évaluation en repérant les stocks obsolètes, périmés ou à rotation lente qui nécessitent une dépréciation ainsi que l'objectif de séparation des exercices en effectuant le relevé des dernières livraisons et réceptions ;

- le sondage : sélection d'un certain nombre de références et contrôle de la méthode de détermination de leur coût ;
- le contrôle de la séparation des exercices : relevé des derniers bons de livraison de N et les premiers de N+1, vérification de leur imputation comptable (achat, vente) sur la bonne période.

2. La société dispose d'un système d'inventaire permanent de ses stocks. Est-elle tenue d'effectuer un inventaire physique complet au 31 décembre N ?

L'inventaire physique est imposé par le Code de commerce.

Si l'entreprise ne dispose pas d'inventaire permanent, l'inventaire physique est obligatoire une fois par an.

En cas d'inventaire permanent, l'entreprise n'est pas dans l'obligation d'effectuer un inventaire complet à la fin de l'exercice, mais elle doit effectuer des inventaires tournants selon des procédures fiables. Ces inventaires tournants ont pour but de contrôler toutes les références au moins une fois par an.

3. Le refus du dirigeant aura-t-il un impact sur le rapport du commissaire aux comptes ? Doit-il y avoir révélation de fait délictueux par le commissaire aux comptes au procureur de la République ?

Les stocks sont importants dans l'entreprise et l'impossibilité pour le commissaire aux comptes d'assister à l'inventaire physique constitue une limitation à sa mission. Cette limitation aura un impact sur l'opinion du commissaire aux comptes. Il certifiera les comptes avec réserves ou refusera de les certifier, tout dépendra des mesures de contrôle que le commissaire aux comptes pourra mettre en œuvre.

Si le commissaire refuse de certifier, il constate que les comptes annuels ne sont pas réguliers et sincères et ne présentent pas une image fidèle. Dans ce cas, l'obligation de révéler s'impose du fait du comportement du dirigeant s'il relève un fait délictueux.

Si le commissaire émet des réserves, il certifie que les comptes sont fidèles avec une ou des réserves. La ou les réserves ne résultent pas de la commission de faits délictueux et il n'y a pas lieu de procéder à révélation.

Exercice 67
Procédures analytiques

Début mars N+1, vous obtenez communication du projet de bilan et de compte de résultat au 31 décembre N. Dès réception de ce document, vous décidez d'effectuer des procédures analytiques.

Précisez en quoi consiste l'utilisation des procédures analytiques par le commissaire aux comptes.

Corrigé

Selon la norme d'exercice professionnel 520 §4, les procédures analytiques sont une technique de contrôle qui consiste à apprécier des informations financières à partir :

- de leurs corrélations avec d'autres informations, issues ou non des comptes, ou avec des données antérieures, postérieures ou prévisionnelles de l'entité ou d'entités similaires ;
- et de l'analyse des variations significatives ou des tendances inattendues.

Dans ce cas précis, les procédures analytiques ont donc notamment consisté à effectuer des comparaisons entre les données de l'exercice et celles de l'exercice précédent. Ce travail doit permettre d'identifier les variations et les écarts significatifs en valeur absolue et en pourcentage pour ensuite en rechercher la cause.

Exercice 68
Obligations du commissaire aux comptes

La société × est une SA au capital de 5 millions d'euros (25 000 actions de 20 €) créée en N-20. Sa situation financière s'est fortement dégradée. Ses capitaux propres s'élèvent à 2 200 000 €. L'année N est fortement déficitaire.

1. **Quelles sont les obligations du commissaire aux comptes du fait de la situation financière de l'entreprise ?**
2. **Quel(s) risque(s) encourt le commissaire aux comptes s'il ne met rien en œuvre ?**
3. **Quelles sont les incidences liées à une continuité d'exploitation compromise pour le commissaire aux comptes ?**
4. **La société décide de précéder à une réduction de capital (diminution de la valeur nominale). Quelles sont les obligations du commissaire aux comptes ?**

Corrigé

1. Quelles sont les obligations du commissaire aux comptes du fait de la situation financière de l'entreprise ?

La situation de la société × est préoccupante, le commissaire aux comptes doit déclencher la procédure d'alerte. Il demandera des explications au président du conseil d'administration ou au directoire qui est tenu de répondre sur tout fait de nature à compromettre la continuité de l'exploitation que le commissaire aux comptes a relevé à l'occasion de sa mission.

À défaut de réponse ou si celle-ci n'est pas satisfaisante, le commissaire aux comptes invite le président ou le directoire à faire délibérer le conseil d'administration ou le conseil de surveillance sur les faits relevés. Le commissaire aux comptes est convoqué à cette séance. La délibération du conseil d'administration ou du conseil de surveillance est communiquée au comité d'entreprise.

En cas d'inobservation de ces dispositions ou si, en dépit des décisions prises, il constate que la continuité de l'exploitation demeure compromise, le commissaire aux comptes établit un rapport spécial qui est présenté à la prochaine assemblée générale ou, en cas d'urgence, à une assemblée générale des actionnaires qu'il convoque lui-même pour lui soumettre ses conclusions. Ce rapport est communiqué au comité d'entreprise.

Si, à l'issue de la réunion de l'assemblée générale, le commissaire aux comptes estime que les décisions prises ne permettent pas d'assurer la continuité de l'exploitation, il informe le président du tribunal de commerce de ses démarches et lui en communique les résultats. Cette information, qui est faite sans délai, comporte tous les documents utiles à l'information du président du tribunal ainsi que l'exposé des raisons qui l'ont conduit à constater l'insuffisance des décisions prises.

Si le principe de continuité est remis en cause les comptes annuels doivent être établis en valeur liquidative.

Dans l'hypothèse d'une non-continuité d'exploitation, le commissaire aux comptes peut être amené, si les comptes annuels sont présentés en l'état, soit à assortir sa certification de réserves soit à refuser la certification, voire même être dans l'impossibilité de certifier.

2. Quel(s) risque(s) encourt le commissaire aux comptes s'il ne met rien en œuvre ?

Il engage sa responsabilité civile professionnelle s'il ne déclenche pas la procédure d'alerte alors que la continuité d'exploitation est compromise.

En cas de non-respect, des différentes obligations qui lui incombent dans le cadre de la procédure d'alerte (textes légaux et réglementaires), il met en jeu sa responsabilité disciplinaire.

3. Quelles sont les incidences liées à une continuité d'exploitation compromise pour le commissaire aux comptes ?

Le commissaire aux comptes fait référence à la continuité d'exploitation dans la troisième partie de son rapport. Les incidences font que :

- le commissaire aux comptes s'assure qu'une information pertinente est donnée dans l'annexe (description des principaux faits, des plans d'action prévus, mention sur l'incertitude qu'a l'entreprise à poursuivre son activité) ;
- si une information pertinente est donnée dans l'annexe, le commissaire aux comptes formule une observation dans la troisième partie de son rapport pour attirer l'attention sur l'information fournie dans l'annexe au titre de cette incertitude ;
- si l'annexe ne fournit pas d'information sur cette incertitude, ou si le commissaire aux comptes estime que l'information donnée n'est pas pertinente, il en tire les conséquences sur l'expression de son opinion (réserve ou refus de certifier). Il mentionne dans la partie opinion de son rapport qu'il existe une incertitude significative pouvant remettre en cause la continuité d'exploitation.

4. La société décide de précéder à une réduction de capital (diminution de la valeur nominale). Quelles sont les obligations du commissaire aux comptes ?

La réduction de capital doit être autorisée ou décidée par l'assemblée générale extraordinaire, qui peut déléguer au conseil d'administration ou au directoire, selon le cas, tous pouvoirs pour la réaliser.

Le projet de réduction du capital doit être communiqué au commissaire aux comptes avant la réunion de l'assemblée générale des actionnaires appelées à statuer sur ce projet. L'assemblée statue après prise de connaissance du rapport du commissaire qui doit faire connaître son appréciation sur les causes et les conditions de la réduction.

La décision de réduction de capital devra faire l'objet d'une insertion dans un journal d'annonces légales et d'un dépôt au greffe du tribunal de commerce.

Exercice 69
Seuil de signification

La société XAVIER possède 70 % du capital de la SARL YVON.

La SARL YVON vous a désigné commissaire aux comptes depuis la clôture du 31/12/N-3 du fait du franchissement des seuils de désignation obligatoires. L'expert-comptable de la SARL YVON vous a adressé en date du 15 février N+1 le projet de comptes annuels. Vous décidez, dès la réception de ce document, de démarrer vos travaux d'audit.

Vous avez fixé pour vos travaux un seuil de signification au niveau des comptes pris dans leur ensemble égal à 20 % du résultat net comptable soit 22 000 €.

Qu'entend-on par seuil de signification ? Quelle est sa finalité ? Dans quel document est-il matérialisé ?

Corrigé

Qu'entend-on par seuil de signification ?

Le seuil de signification (ou seuil de matérialité) correspond au montant au-delà duquel les décisions économiques ou le jugement fondé sur les comptes sont susceptibles d'être influencés.

Le seuil de signification permet de fixer un niveau à partir duquel une anomalie significative peut avoir une incidence sur les comptes en affectant leur régularité, leur sincérité et leur image fidèle.

Quelle est sa finalité ?

Lorsque le commissaire aux comptes met en évidence des anomalies significatives au cours de ses travaux et qu'elles ne sont pas corrigées, il doit constater si le cumul de ces anomalies non corrigées est supérieur au seuil de signification.

Lorsqu'il subsiste des cumuls d'anomalies significatives non corrigées dépassant le seuil de signification, le commissaire aux comptes doit en tirer les conséquences sur son opinion et formule une réserve ou un refus de certifier dans son rapport.

Dans quel document est-il matérialisé ?

Le seuil de signification est matérialisé dans le plan de mission. Il décrit l'approche générale des travaux, qui comprend notamment :

- l'étendue, le calendrier et l'orientation des travaux ;
- le ou les seuils de signification retenus ;
- les lignes directrices nécessaires à la préparation du programme de travail.

Exercice 70
Détermination du seuil de signification

Pour une entreprise, une erreur sur le prix d'achat d'un article aura pour conséquence une mauvaise détermination du prix de vente. Cela engendrera une erreur dans la valorisation des stocks et donc une erreur dans le bilan.

Dans chacune des trois hypothèses suivantes, indiquer si l'erreur est significative ou non.

Hypothèse	1	2	3
Incidence sur le résultat net Montant du résultat net	4 % 2 000 000	9 % 800 000	22 % 150 000

Corrigé

Dans l'hypothèse 1, présenter un résultat de plus ou moins 4 % par rapport à 2 000 000 € n'est pas considéré comme une erreur significative. En effet, cela ne changera en rien l'appréciation des comptes.

Dans l'hypothèse 2, le résultat varie entre 872 000 € et 728 000 €, les performances ne seront pas les mêmes. En effet, les actionnaires sont intéressés par les dividendes, cette erreur peut leur sembler être significative.

Dans l'hypothèse 3, l'erreur de 22 % est significative.

Exercice 71
Demande de confirmation

Dans le cadre de vos travaux, vous avez décidé de procéder à la confirmation des tiers clients et fournisseurs significatifs de la société. Dans ce cadre, vous procédez à la sélection de 80 % du montant total des créances clients et des dettes fournisseurs figurant au bilan.

Précisez en quoi consiste la demande de confirmation des tiers et expliquez succinctement le déroulement de cette procédure.

Corrigé

Le commissaire aux comptes a la maîtrise de la sélection des tiers à qui il souhaite adresser les demandes de confirmation, de la rédaction et de l'envoi de ces demandes, ainsi que de la réception des réponses.

Le processus de confirmation des tiers demande une planification rigoureuse pour permettre à la fois la préparation et l'envoi des demandes, les relances, le traitement des réponses et la mise en œuvre de procédures d'audit alternatives sur les tiers sélectionnés et qui n'ont pas répondu avant la finalisation de la mission du commissaire aux comptes et l'établissement de son rapport.

Les phases de la procédure sont les suivantes :

- sélection des tiers à confirmer (clients, fournisseurs, banques…) par le commissaire aux comptes ainsi que du contenu des éléments à demander dans les courriers ;
- transmission de la liste à l'entité ;
- élaboration des lettres de demandes de confirmation préparées par l'entité ;
- envoi des lettres de confirmation au commissaire aux comptes (l'entité ne doit pas envoyer directement les lettres aux tiers) ;
- envoi des lettres aux tiers par le commissaire aux comptes après avoir vérifié que le contenu des lettres est conforme à ses demandes ;
- réception des réponses par le commissaire aux comptes ;
- analyse des réponses par le commissaire aux comptes ;
- relances éventuelles et procédures d'audit alternatives pour les demandes de confirmation restées sans réponse.

Exercice 72
Contrôle par sondage

Une entreprise présente un stock physique de 4 000 produits. Il n'existe pas d'inventaire permanent. Le dirigeant les évalue pour 96 000 €. Le commissaire aux comptes procède à un sondage pour les contrôler. Il prélève au hasard 100 produits pour lesquels il obtient un prix moyen d'achat de 23 € avec un écart-type de 8 €.

Au seuil de signification de 5 %, l'évaluation du dirigeant peut-elle être acceptée ?

Corrigé

L'estimation de l'écart-type de la population :

$s = \sqrt{\frac{n}{n-1}} \times \sigma$ avec n l'échantillon d'où $s = \sqrt{\frac{100}{99}} \times 8 = 8{,}04$

La moyenne d'évaluation proposée par le dirigeant est de $\frac{96\,000}{4\,000} = 24$ €.

La population suit une loi de paramètres (24 ; 8,04), et l'échantillon une loi de paramètres (23 ; 8).

Avec un intervalle de confiance de 95 %, $P\left(m - t \times \frac{\sigma}{\sqrt{n}} < X < m - t \times \frac{\sigma}{\sqrt{n}}\right) = 0{,}95$

Avec m = 23 et $\frac{\sigma}{\sqrt{100}} = \frac{8{,}04}{\sqrt{100}} = 0{,}804$

La valeur de t est donnée par la table de la loi normale centrée réduite :

$P(-t < T < t) = 2\,p(t < 0) - 1 = 0{,}95$ d'où $p(t < 0) = \frac{1{,}95}{2} = 0{,}975$ après lecture dans la table t = 1,96

L'intervalle de confiance à 95 % a pour bornes :

A = 23 – 1,96 × 0,804 = 21,42 €

B = 23 + 1,96 × 0,804 = 24,57 €

Il y a 95 % de chance sur 100 que le prix moyen soit compris entre 21,42 € et 24,57 €. La moyenne de la population est établie à 24 €, elle se situe dans l'intervalle de confiance, le commissaire aux comptes peut accepter la proposition du dirigeant.

La valeur en euros de stocks peut être comprise entre 85 680 € (4 000 × 21,42) et 98 280 € (4 000 × 24,57).

Exercice 73
Contrôle par sondage

Il s'agit d'étudier les expéditions des produits. Sur un échantillon de 100 journées prises au hasard, il a été relevé les écarts entre les « entrées » et les « sorties » de magasin. On admet que le pourcentage moyen du nombre d'écarts puisse être de 2 %. Les observations sur l'échantillon font apparaître 5 anomalies (écarts).

Calculer la probabilité qu'un tel nombre d'écarts, ou un nombre supérieur, soit le seul fait du hasard (seuil de probabilité : 5 %).

Corrigé

Il s'agit d'une loi binomiale B(100, 0,02), répétée 100 fois. On peut donc l'approximer par la loi de Poisson $\lambda = 100 \times 0{,}02 = 2$.

Le nombre d'anomalies sont de 5, soit après lecture dans la table une probabilité de 0,017, qui est inférieure au 0,05 du seuil de probabilité. La probabilité que ces écarts soient dus uniquement au hasard est très faible.

Exercice 74
Confirmation des comptes clients

Dans le cadre de votre mission de commissaire aux comptes, il vous est demandé de procéder à une demande écrite de confirmation des soldes clients au 31 décembre N.

Dans la norme NEP 505, il est indiqué que c'est le commissaire qui détermine le contenu des demandes de confirmation.

Quelle est la justification de cette assertion ?

La norme NEP 505 évoque le cas où la direction refuse au commissaire aux comptes d'adresser une demande à tel ou tel client. On prend ici pour hypothèse que le refus porte sur plusieurs clients dont les opérations avec la société sont très significatives.

Dans le cas où le commissaire aux comptes estimerait ce refus totalement injustifié, quelles conséquences doit-il en tirer dans l'expression de son opinion sur les comptes annuels ? Dans quel cas doit-il contacter le procureur de la République ?

Corrigé

Quelle est la justification de cette assertion ?

La lettre est envoyée par le commissaire aux comptes pour avoir la certitude que les lettres sont réellement envoyées. Les réponses doivent être adressées au commissaire car si elles étaient adressées à la société auditée, leur remise au commissaire dépendrait de la bonne volonté de la société.

Dans le cas où le commissaire aux comptes estimerait ce refus totalement injustifié, quelles conséquences doit-il en tirer dans l'expression de son opinion sur les comptes annuels ?

Les comptes clients sont significatifs. Le commissaire doit par conséquent exprimer une réserve pour limitation, voire un refus pour limitation dans la première partie de son rapport.

Si le commissaire pense qu'il s'agit d'un obstacle à sa mission qui relève du délit d'entrave, il doit le révéler au procureur de la République.

Exercice 75
Contrôle des ventes

Le commissaire aux comptes vous confie le soin de mener des tests sur les ventes. Il vous précise qu'il a lui-même sélectionné des bons d'expédition, des factures de vente, des écritures inscrites au journal des ventes et des mouvements de sorties de stocks inscrits sur l'inventaire comptable permanent.

1. **A quoi cela sert-il de vérifier que chaque bon d'expédition donne lieu à une facture, qu'à chaque facture sont associés un ou plusieurs bons d'expédition, que chaque facture est enregistrée dans le journal des ventes ?**
2. **Vérifier qu'à tout bon d'expédition est liée une facture de vente permet-il d'avoir une opinion sur la comptabilisation de toutes les ventes au journal ?**
3. **En partant d'un mouvement de sortie de stocks inscrit à l'inventaire comptable permanent, à quoi cela sert-il de vérifier qu'une facture de vente a été émise ?**
4. **À quoi cela sert-il de vérifier qu'un bon d'expédition du mois M donne lieu à une comptabilisation au journal des ventes du mois M ? À quel principe comptable ce contrôle est-il lié ?**
5. **Quel(s) contrôle(s) mettre en œuvre pour avoir l'assurance que les dépréciations des comptes clients sont établies avec prudence ?**

Corrigé

1. A quoi cela sert-il de vérifier que chaque bon d'expédition donne lieu à une facture, qu'à chaque facture sont associés un ou plusieurs bons d'expédition, que chaque facture est enregistrée dans le journal des ventes ?

Le fait que chaque bon d'expédition donne lieu à une facture permet de vérifier l'***exhaustivité.***

Le fait qu'à chaque facture est associée un ou plusieurs bons d'expédition permet de vérifier la ***réalité***.

Le fait que chaque facture est enregistrée dans le journal des ventes permet de vérifier l'***exhaustivité***.

2. Vérifier qu'à tout bon d'expédition est liée une facture de vente permet-il d'avoir une opinion sur la comptabilisation de toutes les ventes au journal ?

Absolument pas : ce n'est pas parce qu'il y a émission d'une facture qu'il y a comptabilisation au journal des ventes. Il faut vérifier que l'enregistrement a bien lieu.

3. En partant d'un mouvement de sortie de stock inscrit à l'inventaire comptable permanent, à quoi cela sert-il de vérifier qu'une facture de vente a été émise ?

Cela permet de vérifier l'***exhaustivité*** (à toute sortie de stock est liée une facture de vente) et la ***sauvegarde du patrimoine***.

4. À quoi cela sert-il de vérifier qu'un bon d'expédition du mois M donne lieu à une comptabilisation au journal des ventes du mois M ? À quel principe comptable ce contrôle est-il lié ?

Cela permet de vérifier le rattachement des charges et produits de la période. Le principe mis en œuvre est le principe d'***indépendance des exercices*** (ou séparation des exercices).

5. Quel(s) contrôle(s) mettre en œuvre pour avoir l'assurance que les dépréciations des comptes clients sont établies avec prudence ?

Il faut examiner les documents (inspection), demander des informations aux dirigeants de l'entreprise ainsi qu'aux partenaires extérieurs à l'entreprise.

Exercice 76
Approche par les risques

La norme ISA 240 recommande que « lors de la planification de l'audit, l'auditeur doit évaluer le risque qu'une fraude ou qu'une erreur conduise à des anomalies significatives dans les états financiers et doit interroger la direction sur toute fraude ou erreur significative qui aurait été détectée ».

1. Indiquer quelles informations le plan de mission de l'auditeur devra comporter.

2. Définir la notion de fraude et d'erreur.

3. Préciser quels sont les éléments à considérer pour décider du caractère significatif d'une anomalie.

4. À partir des constatations de l'annexe :
- **rechercher quelle est la probabilité que le réviseur déclare une écriture quelconque fausse ;**
- **calculer la probabilité que le réviseur déclare à tort qu'une écriture est fausse ;**
- **indiquer la probabilité d'une décision erronée du réviseur.**

Annexe

Le responsable du cabinet s'est aperçu par une étude statistique sur des missions antérieures que :
- si une écriture a été correctement passée, il y a 95 % de chances pour qu'elle soit acceptée par le réviseur ;
- si une écriture est fausse, il existe 80 % de chances pour qu'elle soit détectée ;
- on a pu constater par le passé que 80 % des écritures sont correctement passées.

Corrigé

1. Indiquer quelles informations le plan de mission de l'auditeur devra comporter.

Le plan de mission décrit l'approche générale des travaux. Il pourra comporter les informations suivantes :
- l'entreprise : présentation générale, activité, dirigeants… ;
- les comptes : organisation et politique comptable, comptes prévisionnels, comparaisons… ;
- les systèmes et domaines significatifs : zones de risques, comptes significatifs, fonctions significatives, points forts du système… ;
- la mission : nature, axes principaux, délais… ;
- l'organisation de la mission : niveaux des intervenants, constitution de l'équipe, utilisation des autres auditeurs, calendriers des interventions… ;
- le budget…

2. Définir la notion de fraude et d'erreur.

Selon la norme ISA 240, l'erreur est « une anomalie dans les états financiers résultant d'un acte involontaire, y compris l'omission d'un chiffre ou d'une information à fournir dans les états financiers ».

La fraude est « un acte intentionnel commis par un ou plusieurs membres de la direction, par une ou plusieurs personnes constituant le gouvernement d'entreprise, par un ou plusieurs employés ou tiers à l'activité impliquant des manœuvres dolosives dans le but d'obtenir un avantage indu ou illégal ».

3. Préciser quels sont les éléments à considérer pour décider du caractère significatif d'une anomalie.

La norme ISA 320 considère qu'il y a anomalies significatives lorsqu'il « est raisonnable de s'attendre à ce que, individuellement ou collectivement, elles puisent influencer les décisions économiques que les utilisateurs des états financiers prennent en se fondant sur ceux-ci ».

L'auditeur doit par conséquent déterminer un seuil de signification qui lui permettra de détecter les anomalies qui seront considérées comme significatives. Pour cela, il doit tenir compte du montant et de la nature des anomalies.

L'auditeur doit fixer plusieurs seuils de signification en fonction des risques identifiés.

4. À partir des constatations de l'annexe :

- **recherche quelle est la probabilité que le réviseur déclare une écriture quelconque fausse ;**
- **calculer la probabilité que le réviseur déclare à tort qu'une écriture est fausse ;**
- **indiquer la probabilité d'une décision erronée du réviseur.**

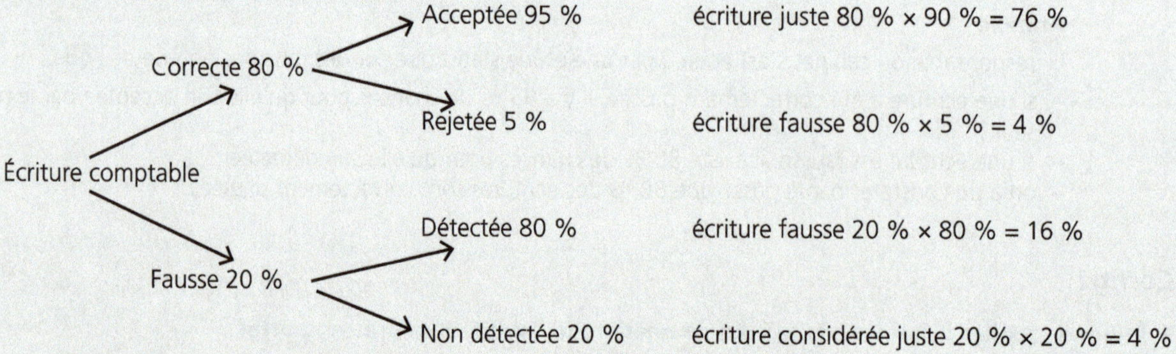

La probabilité que le réviseur déclare une écriture fausse est de 16 + 4 = 20 %.

La probabilité que le réviseur déclare à tort qu'une écriture est fausse, cela revient à considérer que l'écriture est fausse alors qu'elle est exacte par rapport à la possibilité de déclarer les écritures fausses.

Possibilité de déclarer les écritures fausses : 4 + 16 = 20 %
Écriture déclarée fausse alors qu'elle est correcte : 4 %

Probabilité que l'écriture soit déclarée fausse alors qu'elle est exacte : $\frac{4}{20}$ = 20 %

Probabilité d'une décision erronée du réviseur : 4 + 4 = 8 %

Exercice 77
Commissariat aux comptes

Mme Alphonse obtient son diplôme d'expertise comptable. Elle s'inscrit au conseil régional de l'ordre des experts-comptables et décide de se mettre à son compte afin d'exercer des missions de certification des comptes. Pour se faire connaître, elle a prévu une plaquette de présentation mettant en avant ses compétences ainsi que les prix pratiqués. Elle pense diffuser celle-ci auprès des entreprises de sa région.

1. L'inscription à l'ordre des experts-comptables permet-elle d'exercer des missions de certification des comptes ?

2. La publicité envisagée est-elle possible ?

Corrigé

1. L'inscription à l'ordre des experts-comptables permet-elle d'exercer des missions de certification des comptes ?

La certification des comptes ne peut être faite que par des commissaires aux comptes inscrits sur une liste dans la cour d'appel dont ils dépendent. Dans le cas présent, Mme Alphonse ne pourra exercer que des missions d'expertise comptable ainsi que des audits contractuels.

2. La publicité envisagée est-elle possible ?

Depuis 2007, les cabinets d'expertise comptable peuvent faire des campagnes de publicité dans la mesure où elles procurent au public une information utile. Cette nouvelle opportunité a été favorisée par les mesures européennes en matière d'ouverture à la concurrence. En revanche, il n'est pas autorisé de faire des publicités comparatives ou de véhiculer une image erronée de la profession d'expertise comptable. Plus largement, les cabinets d'expertise comptable ne sont pas autorisés à faire du démarchage, c'est-à-dire effectuer toute démarche non sollicitée en vue de proposer leurs services à des tiers.

L'article 152 du Code de déontologie autorise la communication à titre individuel des experts-comptables, et en édicte les limites : ne pas porter atteinte à la décence et à la dignité de la profession, comporter un contenu empreint de retenu. Le principe est donc de permettre aux professionnels de faire de la publicité.

Ainsi, le décret du 18 août 2014 a modifié l'article 152, en encadrant notamment le démarchage : les experts-comptables « ne peuvent proposer des services à des tiers n'en ayant pas fait la demande que dans des conditions compatibles avec les règles déontologiques et professionnelles d'exercice de leur profession ».

L'opération envisagée ne correspond pas aux obligations prévues par le Code de déontologie.

Exercice 78
Exercice de la profession

La société PRINCE est une société par actions simplifiée. Elle a pour objet social tous travaux de peinture, décoration, vitrerie, ravalement et pose de revêtements muraux. Elle clôture son exercice social le 31 décembre. Le Président est associé à hauteur de 51 %. Les 49 % restants sont détenus par une dizaine d'autres associés sans qu'aucun d'entre eux ne détienne plus de 10 % du capital.

Le bilan et le compte de résultat de l'exercice clos le 31 décembre N sont présentés en annexe 1.

Suite à la nomination du cabinet JEAN, début juillet N, comme commissaire aux comptes signataire, Madame BART associée du cabinet JEAN, vous demande de lui communiquer la fourchette d'heures de travail à réaliser. Elle se chargera pour sa part de fixer le nombre d'heures définitif en fonction du programme de travail final ainsi que le montant de la vacation horaire.

À l'aide des annexes 1 et 2 :

1. Déterminer dans quelle fourchette devra être fixé le nombre d'heures de travail à réaliser sur ce dossier.

2. Préciser dans quel document doit figurer le budget d'honoraires en vue de son acceptation par le client.

3. Indiquer au moins quatre informations devant figurer dans le plan de mission que vous envisagez d'établir pour le contrôle des comptes de cette société.

Annexe 1 - Bilan et compte de résultat de la SAS PRINCE au 31 décembre N en K€

ACTIF	BRUT	Amort. Dépréciat.	31/12/N	31/12/N-1	PASSIF	31/12/N	31/12/N-1
Actif immobilisé	13 461	10 125	3 336	3 976	Capitaux propres	3 086	2 773
Actif circulant	9 179	1 381	7 798	8 540	Provisions	120	
					Dettes	7 928	9 743
TOTAL ACTIF	**22 640**	**11 506**	**11 134**	**12 516**	**TOTAL PASSIF**	**11 134**	**12 516**

	N	N-1
Total des produits d'exploitation	20 622	20 489
Total des charges d'exploitation	20 144	21 933
Résultat d'exploitation	**478**	**– 1 444**
Total des produits financiers	3	4
Total des charges financières	80	100
Résultat financier	– 77	– 96
Résultat courant avant I.S.	**401**	**– 1 540**
Résultat exceptionnel	**– 88**	**– 35**
Résultat de l'exercice	**313**	**– 1 575**

Annexe 2 - Article R. 823-12 du Code de commerce

Les diligences estimées nécessaires à l'exécution du programme de travail doivent comporter pour un exercice, en fonction du montant du bilan de la personne ou de l'entité, augmenté du montant des produits d'exploitation et des produits financiers, hors TVA, un nombre d'heures de travail normalement compris entre les chiffres suivants :

Montant total du bilan et des produits d'exploitation et des produits financiers, hors taxes, et nombre normal d'heures de travail :

- jusqu'à 305 000 euros : 20 à 35 heures ;
- de 305 000 à 760 000 euros : 30 à 50 heures ;
- de 760 000 à 1 525 000 euros : de 40 à 60 heures ;
- de 1 525 000 à 3 050 000 euros : 50 à 80 heures ;
- de 3 050 000 à 7 622 000 euros : 70 à 120 heures ;
- de 7 622 000 à 15 245 000 euros : 100 à 200 heures ;
- de 15 245 000 à 45 735 000 euros : 180 à 360 heures ;
- de 45 735 000 à 122 000 000 euros : 300 à 700 heures.

Corrigé

1. Déterminer dans quelle fourchette devra être fixé le nombre d'heures de travail à réaliser sur ce dossier.

Il convient ici de se référer aux données chiffrées présentes dans l'annexe 1 à la date du 31 décembre N-1 puisque le budget d'honoraires et la lettre de mission sont établis en juillet N.

Produits d'exploitation au 31/12/N-1 : 20 489 K€

Produits financiers au 31/12/N-1 : 4 K€

Total de bilan au 31/12/N-1 : 12 516 K€

Total général : 33 009 K€

À la lecture du barème figurant à l'annexe 2, le nombre d'heures de travail sera donc fixé dans la fourchette comprise entre 180 et 360 heures.

2. Préciser dans quel document doit figurer le budget d'honoraires en vue de son acceptation par le client.

Le budget d'honoraires doit figurer dans la lettre de mission (norme d'exercice professionnel 210, § 09).

3. Indiquer au moins quatre informations devant figurer dans le plan de mission que vous envisagez d'établir pour le contrôle des comptes de cette société.

Selon la norme d'exercice professionnel 300 § 10, le plan de mission décrit l'approche générale des travaux, qui comprend notamment :

- l'étendue, le calendrier et l'orientation des travaux ;
- le ou les seuils de signification retenus ; et
- les lignes directrices nécessaires à la préparation du programme de travail.

D'après le mémento Audit et commissariat aux comptes, les réponses suivantes sont donc admises :

- définition de la mission ;
- présentation de l'entité ;
- synthèse de l'approche par les risques ;
- description des procédures d'audit à mettre en œuvre à l'issue de l'évaluation des risques ;
- évaluation des temps, qualifications et honoraires nécessaires à l'accomplissement de la mission ;
- présentation de l'équipe d'audit et des différentes phases d'intervention.

Exercice 79
Commissaire à la fusion

La société Prince est une société par actions simplifiée. Le cabinet Jean est nommé commissaire aux comptes début juillet N. Madame Bart, associée du cabinet Jean, est le commissaire aux comptes signataire.

Lors de l'assemblée générale d'approbation des comptes de l'exercice N, qui s'est tenue le 30 juin N+1, le Président de la société vous informe qu'il envisage sérieusement un rapprochement avec la société LUC (Société par actions simplifiée). Ce rapprochement prendrait la forme d'une fusion absorption.

1. Un commissaire à la fusion est-il obligatoire dans toutes les opérations de fusion ?

2. Quelles sont les modalités de désignation du commissaire à la fusion ?

3. Quel est le contenu du rapport établi par le commissaire à la fusion ?

4. Le cabinet Jean pourrait-il être nommé commissaire à la fusion pour cette opération dans la mesure où il est envisagé que le commissaire aux comptes signataire ne soit pas Madame Bart, mais un autre associé du cabinet ?

Corrigé

1. Un commissaire à la fusion est-il obligatoire dans toutes les opérations de fusion ?

L'intervention d'un commissaire à la fusion est obligatoire dans les opérations concernant les sociétés par actions ou des sociétés à responsabilité limitée. Cependant, les associés peuvent, à l'unanimité, décider de ne pas recourir à l'intervention d'un commissaire à la fusion.

2. Quelles sont les modalités de désignation du commissaire à la fusion ?

Le commissaire à la fusion est désigné par voie d'ordonnance sur requête par le président du tribunal de commerce.

3. Quel est le contenu du rapport établi par le commissaire à la fusion ?

Le commissaire à la fusion rédige deux rapports :

- un rapport sur les conditions de la fusion qui contient une description des méthodes utilisées pour la détermination de la parité d'échange proposée, une opinion sur le caractère adéquat des méthodes retenues, les difficultés rencontrées dans l'évaluation, le cas échéant ;
- un rapport sur les apports en nature qui contient une appréciation de la valeur des apports en nature et des avantages particuliers.

4. Le cabinet Jean pourrait-il être nommé commissaire à la fusion pour cette opération dans la mesure où il est envisagé que le commissaire aux comptes signataire ne soit pas Madame Bart, mais un autre associé du cabinet ?

En application de l'article 10 du Code de déontologie de la profession de commissaire aux comptes, il est interdit au commissaire aux comptes de fournir à la personne ou à l'entité dont il certifie les comptes, (...), tout conseil ou toute prestation de services n'étant pas directement liées à la mission de commissaire aux comptes, telles qu'elles sont définies par les normes d'exercice professionnel.

À ce titre, il lui est interdit de procéder, au bénéfice, à l'intention ou à la demande de la personne ou de l'entité dont il certifie les comptes à une mission de commissariat aux apports et à la fusion.

Au cas considéré, c'est le cabinet Jean, en tant que personne morale, qui est la personne juridiquement détentrice du mandat de commissariat aux comptes et qui sera également nommée commissaire à la fusion. Le fait que l'associé personne physique signataire soit différent n'est pas pertinent, il y a incompatibilité.

Exercice 80
Rapport d'opinion

À l'examen de l'antériorité des créances clients de l'entreprise, votre attention est attirée par une créance client dont l'antériorité est supérieure à un an et dont le montant s'élève à 80 000 € TTC (TVA à 20 %). En consultant le site internet du registre du commerce et des sociétés puis en commandant un extrait K-Bis de cette société, vous apprenez que la société a fait l'objet d'un jugement de redressement judiciaire publié au BODACC en date du 19 octobre N. De surcroît, vous apprenez que la SARL YVON a omis de déclarer sa créance au mandataire judiciaire.

Vous avez fixé pour vos travaux un seuil de signification de 22 000 €. Le résultat de l'exercice est de 114 000 €.

Quel est l'impact de cette situation sur le rapport d'opinion du commissaire aux comptes relatif aux comptes annuels dans l'hypothèse où :

1. le gérant procède à une modification des comptes annuels ;

2. le gérant ne procède pas à une modification des comptes annuels.

Corrigé

Quel est l'impact de cette situation sur le rapport d'opinion du commissaire aux comptes relatif aux comptes annuels dans l'hypothèse où :

1. le gérant procède à une modification des comptes annuels :

La cessation des paiements justifie la constitution d'une dépréciation pour clients douteux. Si la créance non déclarée est forclose, elle est irrécouvrable. En conséquence, il convient de comptabiliser une dépréciation égale à 100 % de la créance HT soit 80 / 1,20 = 66 667 € ou une perte irrécouvrable. L'impact sur le résultat net est de : 66 667 € × 2/3 = 44 444 € (prise en compte de l'IS à 33,1/3 %) soit un montant supérieur au seuil de signification fixé à 22 000 €. Le résultat net passerait ainsi d'un montant de 114 000 € à un montant de 69 556 €.

Dans l'hypothèse où le gérant a procédé à une modification des comptes annuels, le commissaire aux comptes procédera à une ***certification sans réserve*** puisque l'anomalie relevée a été corrigée.

2. le gérant ne procède pas à une modification des comptes annuels :

Si les comptes annuels ne sont pas modifiés suite à la demande du commissaire aux comptes, ce dernier en tirera les conséquences sur son opinion. Il devra formuler une réserve :

- ***réserve pour désaccord*** lorsqu'il a identifié des anomalies significatives et que celles-ci ne sont pas corrigées, que leurs incidences sur les comptes sont clairement circonscrites, et que la formulation de la réserve est claire pour permettre à l'utilisateur des comptes de fonder son jugement en connaissance de cause ;
- ***refus de certifier*** lorsqu'il a identifié des anomalies significatives et que celles-ci ne sont pas corrigées, que leurs incidences sur les comptes ne sont pas clairement circonscrites, et que la formulation d'une réserve n'est pas suffisante pour que l'utilisateur des comptes puisse se fonder un jugement en connaissance de cause.

Exercice 81
Transformation

Lors de l'assemblée générale d'approbation des comptes de l'exercice N prévue le 30 juin N+1, le gérant de la société envisage d'inscrire à l'ordre du jour la transformation de la SARL en société par actions simplifiée (SAS).

1. Dans l'hypothèse où la transformation en SAS serait votée, quel est le sort du mandat du commissaire aux comptes ?

2. Y a-t-il lieu de désigner un commissaire à la transformation pour cette opération ?

Annexe : Caractéristiques de la SARL Yvon

Capital social : 50 000 € divisé en 500 parts sociales de 100 €. Répartition du capital :
70 % soit 350 parts détenues par la société XAVIER ;
30 % soit 150 parts détenues par 3 personnes physiques (50 parts sociales chacune).

Corrigé

1. Dans l'hypothèse où la transformation en SAS serait votée, quel est le sort du mandat du commissaire aux comptes ?

Il est nécessaire de savoir si le commissariat aux comptes est obligatoire sous la forme de SAS.

« Sont tenues de désigner au moins un commissaire aux comptes les sociétés par actions simplifiées qui dépassent, à la clôture d'un exercice social, deux des seuils suivants : le total de leur bilan de 4 000 000 €, le montant de leur chiffre d'affaires hors taxe de 8 000 000 € ou le nombre moyen de leurs salariés au cours de l'exercice de 50.

Sont également tenues de désigner au moins un commissaire aux comptes les sociétés par actions simplifiées qui contrôlent de manière exclusive ou conjointe une ou plusieurs sociétés, ou qui sont contrôlées de façon exclusive ou conjointe, par une ou plusieurs sociétés » (cette obligation s'applique quelle que soit la taille de la SAS).

La SARL Yvon devenue SAS Yvon a ses actions détenues à 70 % par la société Xavier, elle est contrôlée, donc le commissariat aux comptes est obligatoire.

Le mandat du commissaire aux comptes se poursuit donc pour la durée du mandat restant à courir.

2. Y a-t-il lieu de désigner un commissaire à la transformation pour cette opération ?

Nous sommes ici dans le cas d'une transformation d'une SARL en société par actions (SAS).

En application des dispositions de l'article L. 224-3 du Code de commerce, lorsqu'une société de quelque forme que ce soit qui n'a pas de commissaire aux comptes se transforme en société par actions, un ou plusieurs commissaires à la transformation, chargés d'apprécier sous leur responsabilité la valeur des biens composant l'actif social et les avantages particuliers, sont désignés, sauf accord unanime des associés, par décision de justice à la demande des dirigeants sociaux ou de l'un d'eux. Le commissaire aux comptes a pour but d'informer les associés de la situation de la société afin qu'ils puissent se prononcer sur la transformation.

La SARL Yvon a un commissaire aux comptes. En conséquence, la désignation d'un commissaire à la transformation n'est pas requise.

Exercice 82
Commissaire aux comptes et groupe

La structure du groupe repose sur un système « par paliers » constitués en principe par domaines d'activités. La société anonyme TRANS-MONDE n'exerce plus qu'une activité de holding. Elle détient, directement ou indirectement, des participations dans des filiales ou des sociétés associées ; ces filiales contrôlent fréquemment elles-mêmes d'autres sociétés.

Une partie du capital de la SA TRANS-MONDE a été introduite en bourse en 2003 et est cotée sur le marché réglementé EURONEXT. De ce fait, ses comptes consolidés sont publiés, depuis 2005, en respect des normes IFRS. En revanche, les filiales françaises établissent leurs comptes consolidés par application du référentiel CRC 99-02 (réglementation française relative aux comptes consolidés). Le groupe a, en effet, fait le choix d'établir des comptes consolidés au niveau de chaque sous-groupe, de manière à disposer d'une information plus complète. Le choix de ne pas basculer totalement en référentiel de l'IASB a résulté d'une volonté de ne pas imposer aux sous-groupes français des retraitements trop importants.

1. Les comptes du groupe TRANS-MONDE doivent-ils faire l'objet d'une certification des comptes ?

2. Le passage aux normes IFRS constitue-t-il un changement de méthode comptable ? En règle générale, quelles sont les diligences dévolues au(x) commissaire(s) aux comptes en cas de changement de méthode comptable ?

Corrigé

1. Les comptes consolidés du groupe TRANS-MONDE doivent-ils faire l'objet d'une certification des comptes ?

Les sociétés qui contrôlent au sens de l'article L. 233-3 du Code de commerce d'autres sociétés, dès lors que l'ensemble formé par la mère et ses filiales dépassent les seuils de nomination d'un commissaire aux comptes, indépendamment de l'obligation d'établir des comptes consolidés, seront tenues de désigner un commissaire aux comptes.

Cette obligation ne s'appliquera pas lorsque la société contrôlant est elle-même contrôlée par une société qui a désigné un commissaire aux comptes.

2. Le passage aux normes IFRS constitue-t-il un changement de méthode comptable ? En règle générale, quelles sont les diligences dévolues au(x) commissaire(s) aux comptes en cas de changement de méthode comptable ?

Le passage aux normes IFRS entraîne des différences de modalités d'évaluation des actifs et passifs par rapport à l'application du règlement CRC 99-02. Il répond donc à la définition d'un changement de méthode comptable.

Selon la NEP 730 – « Changements comptables », lorsque le commissaire aux comptes identifie un changement comptable, il apprécie sa justification. En cas d'incidence significative du changement sur les comptes, le commissaire aux comptes vérifie :

- que la traduction comptable de ce changement, y compris les informations fournies dans l'annexe, est appropriée ;
- qu'une information appropriée est présentée pour établir la comparabilité des comptes.

Il mentionne une observation dans la première partie de son rapport et en tire les conséquences sur l'expression de son opinion. Cette observation est obligatoire dans le rapport sur les comptes consolidés et pour toutes les entités.

Si le commissaire aux comptes estime que l'information concernant le changement de méthode comptable fournie par l'entité n'est pas appropriée, il formulera une observation dans la troisième partie de son rapport.

Exercice 83
Commissaire aux comptes et scission

La société anonyme TOUTAFRIQUE est une filiale de la SA TRANS-MONDE, spécialisée dans les voyages organisés sur le continent africain. Elle détient, entre autres, 40 % du capital de la société anonyme TRANS-MAGHREB ; le reste du capital de cette société appartient à des actionnaires, personnes physiques ou morales (aucun de ces actionnaires ne dépasse le seuil de 10 % de détention du capital).

La décision a été prise de dissoudre la SA TRANS-MAGHREB par une opération de scission. L'activité de Tour-Operator est reprise par la SA TOUTAFRIQUE alors que l'activité de réservation de résidences est transférée à une structure externe indépendante, la SAS RESALUX créée à cette occasion et dont une partie du capital sera souscrite par les salariés de la SA TRANS-MAGHREB qui avaient contribué au projet de développement du logiciel de réservation. Le traité de fusion mentionne que le but final de l'opération pour la société TOUTAFRIQUE est une cession hors groupe des titres détenus.

Indiquer :

1. **Si la désignation d'un commissaire à la scission est nécessaire.**
2. **Les modalités de la désignation du commissaire à la scission ; le commissaire aux comptes de la SA TRANS-MAGHREB pourrait-il être désigné ?**
3. **Les objectifs de la mission du commissaire à la scission.**

Corrigé

1. Indiquer si la désignation d'un commissaire à la scission est nécessaire.

Lorsque la société scindée est une société par actions ou une SARL, un ou plusieurs commissaires à la scission doivent être désignés afin de vérifier la pertinence des valeurs relatives attribuées aux actions ou parts des sociétés participant à l'opération et le caractère équitable du rapport d'échange, d'apprécier la valeur des apports en nature et, le cas échéant, les avantages particuliers accordés.

Son intervention n'est pas requise :

- dans le cas de création, par voie de scission, de sociétés nouvelles constituées sans autre apport que celui de la société scindée, où les actions ou parts de chacune des sociétés nouvelles sont attribuées aux actionnaires ou associés de la société scindée proportionnellement à leurs droits dans le capital de cette société (article L. 236-17 pour les sociétés anonymes, et L. 236-23, pour les SARL, du Code de commerce) ;
- lorsque les associés ou actionnaires statuant à l'unanimité dans toutes les sociétés participant à l'opération décident d'écarter la désignation d'un commissaire à la scission. Cette possibilité doit rapidement faire l'objet d'un vote par les associés, afin de permettre, en cas de refus des associés, la désignation d'un commissaire à la fusion qui puisse établir son rapport et le communiquer dans le délai d'un mois avant l'assemblée générale.

Si la nomination d'un commissaire à la fusion a été écartée, elle ne fait pas échec à la désignation d'un commissaire aux apports chargé d'établir le rapport sur la valeur des apports en nature.

Dans le cas présent, seule la décision unanime des actionnaires peut faire échec à la désignation d'un commissaire à la scission.

2. Indiquer les modalités de la désignation du commissaire à la scission ; le commissaire aux comptes de la SA TRANS-MAGHREB pourrait-il être désigné ?

Le commissaire à la fusion (ou à la scission) est choisi parmi les commissaires aux comptes inscrits sur la liste prévue à l'article L. 225-219 du Code de commerce, ou parmi les experts inscrits sur l'une des listes établies par les cours et tribunaux. Il est désigné par le président du tribunal de commerce, statuant sur requête à la demande des représentants légaux des sociétés concernées par l'opération.

Le tribunal compétent est celui du siège social. Les sociétés participantes décident souvent de soumettre l'opération au contrôle des mêmes commissaires, dans ce cas, la requête est conjointe. Si les sociétés dépendent de la compétence de tribunaux différents, la requête conjointe sera déposée devant le président du tribunal de leur choix.

Afin de préserver leur indépendance, les commissaires à la fusion (ou à la scission) sont soumis aux incompatibilités prévues à l'article L. 822-11 pour les commissaires aux comptes. Il est interdit au commissaire aux comptes de procéder à une mission de commissariat à la fusion ou aux apports pour la personne dont il certifie les comptes. En conséquence, le commissaire de la SA TRANS-MAGHREB ne pourra être désigné commissaire à la scission.

3. Indiquer les objectifs de la mission du commissaire à la scission.

La mission du commissaire à la fusion a pour objectif final d'apprécier le ***caractère équitable du rapport d'échange*** et de vérifier que les ***valeurs relatives attribuées aux actions des sociétés participant à l'opération sont pertinentes***. Sont considérées comme telles les valeurs relatives qui tiennent compte, pour le présent et pour l'avenir, de la rentabilité d'exploitation, de la politique d'investissement, de la structure financière et du niveau de risque de ces entreprises.

La vérification de la pertinence des valeurs attribuées aux actions conduit le commissaire à la fusion à établir un rapport sur les modalités de l'opération dans lequel :

- il indique les méthodes suivies pour déterminer le rapport d'échange, ainsi que les difficultés d'évaluation s'il en existe ;
- il se prononce sur le caractère adéquat des critères et méthodes d'évaluation retenus, et sur la correcte application ou mise en œuvre de ces critères et méthodes ;
- il exprime en conclusion son avis sur le caractère équitable du rapport d'échange proposé.

Exercice 84
Responsabilité du commissaire aux comptes

Lors de votre intervention dans les locaux de l'entreprise, vous procédez à un certain nombre de sondages sur les factures fournisseurs ainsi que sur les notes de frais. Votre attention est attirée par l'examen des notes de frais de la responsable comptable qui totalise chaque mois environ 800 kilomètres ce qui amène à un remboursement annuel d'indemnités kilométriques à hauteur de 4 000 €. Or, son poste ne lui semble pas, d'après vous, nécessiter des déplacements importants. Cette somme est virée mensuellement avec son salaire, réglé par virement déclenché par cette même responsable comptable.

Vous en référez au Président de la société qui s'avère être totalement surpris de cette situation.

Comment pourrait-on qualifier cette situation ? Quelle doit être l'attitude du commissaire aux comptes ?

Corrigé

La perception d'indemnités kilométriques indues par une salariée de l'entreprise constitue manifestement un cas de fraude dont il appartient au commissaire aux comptes de tirer immédiatement les conséquences.

Ainsi, en application de l'article L. 823-12, alinéa 2 du Code de commerce, les commissaires aux comptes révèlent au procureur de la République les faits délictueux dont ils ont eu connaissance, sans que leur responsabilité puisse être engagée par cette révélation.

Il appartient au procureur de la République de qualifier les faits et d'apprécier la suite qui leur en sera donnée.

Exercice 85
Responsabilité du commissaire aux comptes

Lors de votre intervention dans les locaux de l'entreprise Prince, vous procédez à des sondages sur les notes de frais. Votre attention est attirée par l'examen des notes de frais de la responsable comptable qui totalise chaque mois environ 800 kilomètres ce qui amène à un remboursement annuel d'indemnités kilométriques à hauteur de 4 000 €. Or, son poste ne vous semble pas nécessiter des déplacements importants. Cette somme est virée mensuellement avec son salaire réglé par virement déclenché par cette même responsable comptable.

Suite à cette découverte, le Président de la société a fait remonter les archives comptables de la société et s'est aperçu que la situation décrite précédemment avait débuté il y a trois exercices.

Le Président de la société Prince envisage de mettre en cause la responsabilité du commissaire aux comptes précédent pour ne pas, selon lui, avoir découvert ce dysfonctionnement.

Indiquer :

1. **les différentes responsabilités qui peuvent être retenues à l'encontre d'un commissaire aux comptes ;**
2. **en l'espèce, quel(s) type(s) de responsabilité pourrait rechercher le Président de Prince ?**
3. **les conditions qui doivent être réunies pour engager la responsabilité du CAC ;**
4. **comment le commissaire aux comptes pourrait se défendre.**

Corrigé

1. Les différentes responsabilités qui peuvent être retenues à l'encontre d'un commissaire aux comptes :

Un CAC peut engager sa responsabilité civile, pénale et disciplinaire.

2. En l'espèce, quel(s) type(s) de responsabilité pourrait rechercher le Président de Prince ?

Le Président de la société peut rechercher la responsabilité du commissaire aux comptes sur le plan civil et/ou pénal. Il n'a pas qualité pour engager une procédure disciplinaire.

En l'espèce, la responsabilité du commissaire aux comptes sera recherchée sur le plan civil. En effet, l'article L. 822-17 prévoit : « les commissaires aux comptes sont responsables, tant à l'égard de la société que des tiers, des conséquences dommageables des fautes et des négligences commises par eux dans l'exercice de leurs fonctions ». La mise en cause de la responsabilité pénale du commissaire aux comptes nécessite la constitution d'une infraction par le commissaire aux comptes, ce qui n'est pas le cas en l'espèce.

3. Les conditions qui doivent être réunies pour engager la responsabilité du CAC :

Pour que la responsabilité civile du commissaire aux comptes puisse être engagée, il conviendra de démontrer l'existence d'une faute ou d'une négligence ayant provoqué un préjudice et démontrer le lien de causalité entre les deux. La faute commise doit être à l'origine du préjudice constaté pour pouvoir générer des dommages-intérêts.

4. Comment le commissaire aux comptes pourrait se défendre :

La défense du CAC consistera à démontrer d'une part, qu'il a effectué les diligences normales et avisées dans le cadre de sa mission et, d'autre part, le CAC rappellera que la mission de CAC relève, sauf cas très précis, d'une obligation de moyens. En aucun cas, il ne doit vérifier l'intégralité des opérations qui entrent dans le champ de sa mission, ni rechercher systématiquement l'ensemble des irrégularités et inexactitudes.

En conséquence, la responsabilité civile ne sera engagée que s'il est démontré que le commissaire aux comptes n'a pas effectué de diligences normales et avisées.

Exercice 86
Normes d'exercice professionnel (NEP)

Qu'entend-on par normes d'exercice professionnel (NEP) en audit légal en France ? Par qui et comment sont-elles établies et rendues publiques ? Quelle est la force juridique de ce type de texte ?

Corrigé

Les normes d'exercice professionnel sont des guides méthodologiques que doivent appliquer obligatoirement les commissaires aux comptes dans le cadre de la démarche d'audit légal.

Elles sont établies par le Haut Conseil de Commissariat aux Comptes (H3C) après avis de la Compagnie Nationale des Commissaires aux Comptes et font l'objet d'une publication au Journal Officiel après homologation par le garde des Sceaux.

Elles ont force de loi. Elles s'imposent aux commissaires aux comptes.

Exercice 87
Choix d'un professionnel

Dans le cadre de la diversification des activités du groupe, les dirigeants de la société Atlantic Sailing (AS) étudient la possibilité de prendre le contrôle de la société SARL HUM par voie d'acquisition de l'intégralité des parts sociales de cette société. La SARL HUM ne dispose pas de commissaire aux comptes et n'est pas une entité d'intérêt public.

Les dirigeants souhaitent faire réaliser un audit d'acquisition de la société HUM. Ces derniers s'interrogent pour savoir à qui confier cette mission : Mme LAMPIRE, expert-comptable indépendante qui accompagne la société Atlantic Sailing (AS), ou M. DUMONT, commissaire aux comptes de la société Atlantic Sailing (AS).

1. Mme LAMPIRE peut-elle les accompagner dans le cadre de ce projet d'acquisition ?

2. M. DUMONT peut-il intervenir dans ce projet ?

Corrigé

1. Mme LAMPIRE peut-elle les accompagner dans le cadre de ce projet d'acquisition ?

La relation entre l'expert-comptable et son client est toujours de ***nature contractuelle***.

Dans le cadre de l'accompagnement d'un client cherchant à faire l'acquisition d'une entreprise, trois missions peuvent être proposées :

- une ***mission d'audit*** qui est une mission d'assurance ayant pour objectif de permettre à l'expert-comptable d'exprimer une assurance raisonnable sur la conformité des états financiers au référentiel comptable applicable ;
- une ***mission d'examen limité*** (NP 2400) qui est une mission d'assurance de niveau modéré aboutissant à une opinion exprimée sous une forme négative portant sur la conformité des comptes au référentiel comptable qui leur est applicable ; le niveau d'assurance est inférieur à celui de l'audit ;
- une ***mission d'examen d'informations sur la base de procédures convenues*** entre le client et le professionnel (NP 4400) qui consiste à mettre en œuvre des diligences définies d'un commun accord avec la direction de l'entité, et de communiquer dans un rapport écrit les diligences mises en œuvre et les constats qui en résultent. Il s'agit d'une mission dite « sans assurance » à l'issue de laquelle le professionnel de l'expertise comptable n'exprime pas d'opinion.

Avant acceptation de l'une de ces missions, ***le professionnel doit s'assurer qu'il ne se trouve pas dans une situation de dépendance ou de conflit d'intérêts***.

Dans tous les cas, une lettre de mission devra être signée.

2. M. DUMONT peut-il intervenir dans ce projet ?

La relation entre le commissaire aux comptes et son client est en partie légale et en partie contractuelle.

Le Code de commerce (art. L. 822-11) et le Code de déontologie des commissaires aux comptes (art. 10 et 10-1) prévoient que le commissaire aux comptes d'une entité peut réaliser d'autres prestations (SACC : services autres que la certification des comptes) sauf si cette prestation est interdite. Une distinction est faite entre les entités d'intérêt public et les autres.

Parmi les prestations interdites, ne figure pas celle d'audit dans le cadre du projet d'acquisition d'une société cible. En effet, le législateur a souhaité maintenir la possibilité qui est faite à une entité d'utiliser les compétences du professionnel avec lequel elle a déjà tissé un lien de confiance.

En conséquence, sous réserve du respect des devoirs d'impartialité, d'indépendance et d'évitement de situation de conflit d'intérêt, le commissaire aux comptes peut intervenir dans ce projet. Sa mission sera contractuelle. Les parties devront convenir de la nature et de l'étendue des travaux à réaliser dans une lettre de mission.

Exercice 88
Responsabilité des commissaires aux comptes

Dans le cadre du traitement de la confirmation directe qu'il a mise en œuvre, M. DUMONT s'est aperçu que deux paiements figurant dans les réponses des clients n'étaient pas constatés dans la comptabilité de la société HUM. En analysant les factures en question, il a constaté qu'il s'agissait d'une presse à balles HL 4809 de marque ANDRIST numéro de série A4JU541 vendue 80 000 euros et d'un chariot élévateur électrique RX 60 de marque STILL immatriculé HF 345 vendu 40 000 euros. M. DUMONT est certain d'avoir vu ces deux équipements lors de sa visite des lieux. Il sollicite auprès des clients les justificatifs et ces derniers lui envoient la copie des chèques libellés au nom du gérant de la société HUM. En s'entretenant avec le comptable de la société HUM, M. DUMONT apprend que ces chèques sont en réalité une récompense faite au gérant pour l'influence qu'il a exercée auprès d'élus de la commune lors de l'obtention de marchés public. Les ventes comptabilisées n'ont jamais eu lieu.

Compte tenu de la situation, quel doit être le comportement de M. DUMONT ? À quelle(s) autorité(s) doit-il s'adresser, le cas échéant ? Expliquer.

Corrigé

L'auditeur a constaté des faits susceptibles de recevoir une qualification pénale. Il ne lui appartient pas de qualifier l'infraction.
L'article L. 823-12 du Code de commerce dispose que : « *Les commissaires aux comptes (…) révèlent au procureur de la République les faits délictueux dont ils ont eu connaissance, sans que leur responsabilité puisse être engagée par cette révélation.*

Sans préjudice de l'obligation de révélation des faits délictueux mentionnée à l'alinéa précédent, ils mettent en œuvre les obligations relatives à la lutte contre le blanchiment des capitaux et le financement du terrorisme définies au chapitre Ier du titre VI du livre V du Code monétaire et financier ».

Dans le cas présent, on pourrait penser que M. DUMONT soit dans l'obligation d'avoir à révéler au procureur les faits qu'il a constatés. En réalité, il n'en est rien. En effet, le positionnement de l'article précité dans le code conduit à une application restrictive de l'obligation ***à la seule mission de contrôle légal*** des comptes annuels.

En conséquence, ***M. DUMONT n'a pas à intervenir auprès du procureur de la République. Les SACC n'entrent pas dans le champ de la révélation des faits délictueux***.

Par contre, en application du même article du code et de la NEP 9605 « *Norme d'exercice professionnel relative aux obligations du commissaire aux comptes relatives* ***à la lutte contre le blanchiment des capitaux et le financement du terrorisme*** », l'auditeur (commissaire aux comptes de profession) a l'obligation de mettre en place un dispositif de vigilance contre le blanchiment des capitaux.

« *La présente norme s'applique au commissaire aux comptes avant l'acceptation d'un mandat de commissaire aux comptes et au cours de l'exercice de ce mandat, lorsqu'il intervient au titre de missions définies par la loi et de prestations entrant dans les diligences directement liées à la mission.* » (Norme 9605 § 2)

La déclaration de soupçons s'applique donc aux SACC.

Le professionnel doit :

- se former et former ses collaborateurs sur ce qu'est le blanchiment de capitaux, la nature de l'infraction pénale et les moyens de détection ;
- mettre en place une organisation, des procédures et des mesures de contrôle interne dans sa structure d'exercice en matière de lutte contre le blanchiment ;
- identifier le bénéficiaire effectif de l'entité auditée et conserver la justification de cette identité dans son dossier de travail ;
- procéder à des contrôles complémentaires en cas de doute sur une opération pouvant constituer un blanchiment ;
- déclarer le soupçon auprès de la cellule TRACFIN lorsque le doute s'est transformé en soupçon.

Les faits : la vente des matériels comptabilisée dans les comptes de la société HUM n'est pas réelle. Ceci constitue un faux (article 441-1 du Code pénal). L'influence que semble avoir exercée le gérant de la société HUM sur les élus peut recevoir la qualification pénale de trafic d'influence définie et réprimée par l'article 433-2 du même code d'une peine de cinq d'emprisonnement et d'une amende de 500 000 euros. L'opération comptable constatée vise donc à dissimuler le fruit d'une infraction. Cela constitue l'élément matériel du délit de blanchiment défini et réprimé à l'article 324-1 du Code pénal.

Les obligations de déclaration à TRACFIN concernent notamment « *les opérations portant sur des sommes dont le commissaire aux comptes sait, soupçonne ou a de bonnes raisons de soupçonner qu'elles proviennent d'une infraction, hors fraude fiscale, passible d'une peine privative de liberté supérieure à un an ou participent au financement du terrorisme* » (Norme 9605 § 18).

En conséquence, après avoir procédé à une analyse de la situation rencontrée, ***M. DUMONT doit procéder à la déclaration de soupçon à TRACFIN***, en application de l'article L. 561-15 du Code monétaire et financier.

PEFC
10-31-3532

Certifié PEFC

Ce produit est issu de forêts gérées durablement et de sources contrôlées

www.pefc-france.org

IMPRIM'VERT®

Imprimé en France sur des papiers provenant
majoritairement de l'Union européenne
et issus de forêts gérées durablement
par Sepec numérique
1, rue de Prony - ZA des Bruyères
01960 Peronnas

Imprimeur certifié

Achevé d'imprimer en Juillet 2020
Numéro d'impression : N21275200711
Dépôt légal : Juillet 2020